万年行旅

一个考古人的独白

蒋乐平 著

A TOUR OF TEN THOUSAND YEARS

MONOLOGUE FROM AN ARCHAEOLOGIST

浙江大学出版社

图书在版编目（CIP）数据

万年行旅 / 蒋乐平著. -- 杭州：浙江大学出版社，
2020.8
ISBN 978-7-308-20279-4

Ⅰ. ①万… Ⅱ. ①蒋… Ⅲ. ①考古学－中国－文集
Ⅳ. ①K870.4-53

中国版本图书馆CIP数据核字(2020)第099919号

万年行旅

蒋乐平　著

责任编辑	王雨吟
责任校对	赵　珏
装帧设计	林智广告
排　　版	杭州林智广告有限公司
出版发行	浙江大学出版社
	（杭州市天目山路148号　　邮政编码　310007）
	（网址：http://www.zjupress.com）
印　　刷	浙江省邮电印刷股份有限公司
开　　本	889mm×1194mm　1/32
印　　张	8.375
字　　数	140千
版 印 次	2020年7月第1版　2020年8月第2次印刷
书　　号	ISBN 978-7-308-20279-4
定　　价	58.00元

序

FOREWORD

考古学家：请记得抒发自己的情怀

王仁湘

　　每一个行当，从业者都会有一种主流情怀，这也是行业情结，是从业者摆脱不了的情结。现代社会有一个比较特殊的行当，从业者自然也有一种主流情怀，这情怀营造了一个激情满满的学科世界，但是这样的激情，外人是不易觉察的，他们更多感受到的反倒是冷漠古板与神秘莫测。这个行当叫作"考古"，从业者就是考古学家。

　　考古是个小行当，从业者并不多，但近些年却越来越受关注，许多本来像隐士一样的学者开始进入公共视野。每一个考古学家，经历各各不同，成就有高有低，但他们留下了那些成就，却往往隐没了个人的经历。考古学家其实有个通病，他们一般不喜欢书写自己，也不善于表达自我，或者不屑于袒露自己：谈论科学发现可以津津乐道，描述自我内心却可以不置一词。

　　这是一个习惯于自我隐藏的学者群体，特别的低调，特别的闭蛰，你别想轻易叫他们敞开心扉。他们可以将波澜壮阔的历史中的细节展示得清晰无比，但之于自我的情感世界却掩藏得厚厚实实。

　　我们读到的考古出版物，部头最大的那些是考古发掘报告，在这样的报告里你要找到作者是谁并不容易，更何况一般的读者是读不到这些报告的,报告印数极少,常常被束之高阁,极少有人去翻阅。

在考古报告中,除了对考古发现的教科书式的理解与论证,对考古学家自己,不夸张地说,你是读不到他一丝感慨的,你也读不到半句情话,你甚至连个感叹号也找不到。

当然也有些考古普及读物,多了报告中没有的感慨与情话,但你还是读不出作者更动情的深层次思考,尤其在当时那一刻,他一瞬即逝的心理活动,并没有记录下来。

我们的考古学家面对层叠的废墟,世代更迭,他会有莫名的伤感,这种伤感没有记录下来。

我们的考古学家面对森严的陵墓,面对某一代帝王,他对他会有话要说,有疑问求解,这些话没有记录下来。

我们的考古学家面对人骨化石,他也许会想到自己身后是怎样的,会去向哪里,千年万年又会是何人何时来研究我,这也没有记录下来。

我们的考古学家面对出土的那些斑驳的刀枪剑戟,耳边一定响起过金戈铁马的战场厮杀,他也许会用某种数学模式计算出某一场或某一世的战争夺去了多少生命,兴许还会为这些逝者代言:是谁挑起了战争,又是谁要逞什么英雄? 这一些呼号与哀鸣,自然也都没有记录下来。

我们的考古学家面对破碎的坛坛罐罐,摩挲那些秦砖汉瓦,会不会推想轰然倒塌的宫殿里，是否还有不甘的灵魂在游荡？

我们的考古学家面对肃穆的上古祭坛，历数着那些五光十色的祭品，默念着先人通神的路径，会不会思考人神之间如何往来，又是怎样沟通？

我们的考古学家面对那些色彩缤纷的壁画，观看情景再现中那一张张个性张扬的面孔，会不会琢磨一回他之思、他之想？

我们的考古学家面对一颗颗炭化谷粒，一截截动物骨骸，会体味先人餐桌上食物的味道也许就变幻在自己的舌尖上，还要说道食饮姿势与礼俗的变化……

这一些，这一切，也好像都没有来得及记录下来。

面对这一切，面对这千年万年的历史，我们怎么会无言以对，又怎么会无动于衷？我们时时都在思考，我们有许多的话要说。考古学家，其实你有话要说，你要说出来。

这一状况悄悄发生着改变，已经有考古学家开始尝试书写自我。一个考古学家书写自己的书，相信很多人没有读到过，我也是一样，这次是第一次。我觉得蒋乐平先生的这本书，很有些与众不同，很值得细细品读。

自己写自己，如何写呢？当然不是王婆卖瓜。将自己穿越进入历史中的所见所闻、所思所想记录下来，首先当然要的是科学精神，说的是真情实感，是个人与群体的激情。

我们就来读读蒋乐平，这一个正当年的考古学家，看看他是怎么写自己的。他由自己入行写起，写成长与成熟，写思考与成就。还写了对考古学的理解，将考古概念及相关考古学家成就与思想的评述，自然融入到个人经历的事件之中。

蒋乐平也是一位很有建树的考古学家，他辗转浙东、浙中南，做了大量艰苦细致的田野考古工作，脚踏实地，收获满满。他有很好的文学与哲学素养，他的思考独辟蹊径，他的文字引人入胜。这一本书稿我仔细读了，字里行间让我感动，相信同行也会感动，期望蒋乐平的文字也能感动更多行外的读者，这本书值得行内行外都读一读。

正当年的蒋乐平，他这一本书写的是他前半辈子的田野考古求索历程。也就是用三十年多一点的时光，他跋涉到了一万年前，遭遇到了远古先民，观赏到了远古风景，为当今老少传递来了许多实实在在的信息。他说：

大学毕业整三年后，我正式开始了走向远古的跋涉：从七千年河姆渡出发，走过八千年的跨湖桥，抵达了一万年的上山。这是时间的逆行，这是思想的方向，这是考古人才能享受的旅程。

他接着还这样写道："考古学家在现世的尘土中跋涉，穿行的却是通向远古之路……"我有同感，我做的也是史前考古研究，有时会感觉到你是与先民们在对话。所以在蒋乐平写出的下面的话里，也感觉是包纳了我的体会：

在触摸到陶釜、石锛的那一刻，我真切听到了既浑浊又清晰的历史回声，仿佛木架子里面，有古河姆渡人说着我听不清楚的语言。我至今认为，这是一个考古从业者的专享幻觉。

那么我们再接着读到蒋乐平下面这些文字时，你会感觉到一个考古学家的可敬与可爱：

主观性永远主宰着人类的认知，必须享受这个过程。我们在对遗存进行阐释时，会不自觉萌生一种塑造世界的冲动。

探方中隐藏着一个消失的世界。在发掘和阐释的过程中，隐藏着开天辟地、指点江山的快感。

我深感古人第一次呈示于我，袒露于我，透彻而真实。这种真实是对我主动趋近的呼应，层面上清晰的线条，是我与古人作揖相望的界河，犹如显灵的画符。

考古人书写历史的自豪感是自在和由衷的。有句话通俗易懂：一部人类历史，百分之九十九是由考古学写就。具体算法可举中国为例，四千年前夏王朝可算作文献记载的最早信史，与百万年前的元谋猿人相比，占比还不是百分之一不到？对于无限追求精神生活的人类而言，时间无疑是生存空间的重要一维。推开历史的窗口向远古凝视，恰如登上礁石眺望无垠大海，那是思想放飞所需要的空间。从追求自由的角度看，考古也是一首歌。

蒋乐平的文字里偶尔有景色描写，那是神思的幻境，那是贯通的古今，例如下面这一段：

早晨，太阳从东边的石岩山探出头来，考古队员跟着起床，洗漱完毕，集体到砖瓦厂的职工食堂用过早餐，开始一天的工作。傍晚，站在租住宿舍的阳台上，可直接眺望到远处城山上的越王台。高耸的烟囱向天空吐出淡淡的烟霭，与越王台上的晚霞轻轻碰接，意识深处或可听到古战场千军万马的嘶鸣，但旋即又眩晕于山林背后迸出的万道金光。一天劳累下来的考古队员们，也有机会享受失神的片刻，时间凝结成宁静的瞬间，而历史似乎伸手可及。

这是一种极美妙的感觉，它只属于思想者，或者说它只属于善于思想的考古学家。当然考古学者可不是空想而已，他们有感而动、有感而发。他们动脑、也动手，蒋乐平就是一位勤于动脑又动手的考古思想者。让我们读一大段蒋乐平的话，这些话感动了我，也一定会感动大家：

谷糠如何生成？我亲自做过这样一个实验：将适量的粳稻稻谷，放在上山遗址出土的石磨盘上，然后用石磨棒进行挤压搓磨，五分钟后，随意抓出一把进行数数统计，结果发现，未达到去壳效果的四十四粒，脱壳后的完整米粒四百九十二粒，碎为半粒的米粒一百二十粒，更碎小的约一百粒。谷壳的粉碎程度、保留形态与夹炭陶中观察到的完全一致。

一万年前，另有一个使用石磨盘、石磨棒技术更好的人，以同样的姿势蹲在石磨盘前。面对这白花花的稻米和黄灿灿的谷壳，他，或许是她，在想什么？我猜测，他（她）感受到的是超过我一万倍的激动。

他（她），还有他（她）的同伴，庄重地把稻壳拢起来，将它拌入即将烧制的陶土中。

直觉告诉我，这不是一种纯工艺的偶然。旧大陆东南部没有夹炭陶的传统：在更早的年代里，发明了陶器的华南洞穴人，烧制的是夹砂陶；夹炭陶并没有技术传统可以追踪。

但这需要传统吗？这是断裂中的新生。这是新时代的开启仪式。或许，古上山人已经意识到，只有将这个上苍的伟大馈赠熔铸在火的结晶中，才能表达他们的感激和祈祷！

这其实是一个科学实验，在考古上称为实验考古。蒋乐平在自己的实验考古中，得到了意外收获，他领悟到进入到史前人精神世界的深处。

考古学家穿越时空，逆行进入历史层面，有时会生发出一种代入感，会想象自己成了历史中的一员。蒋乐平在这一点上体验更深刻，他的思想更投入，他说：

考古行为的奇特之处，就是将古人做过的事情重新做一遍。但当这个古人是一位改变历史的巨人，那你是否也有可能化身为巨人？

起码，这些年我能够不辞辛劳、充满激情地跋涉于钱塘江的山山水水间，确是因为内心被一种源自巨人的崇高感所驱动。

中国古代的神话传说中有许多"履大人之迹而孕"的记载，我想，能够在人身上播下种子的，还有那苍茫无际的历史感吧！

关于河姆渡的联想，蒋乐平由陶片与朽木想到了星辰宇宙：

河姆渡像一个图腾，曾经封禁我们对时间的联想。推开河姆渡，恍如打开一扇天窗，我们看到了更遥远的宇宙。这种穿透、穿越的力量，正是考古之于我的神奇魅力。因此与同行们试图还原古人行为细节的目标不同，我更愿意将考古对象视为一种象征性的存在。

只要黑暗的天空中多发现一颗闪烁的星辰，我们的工作就获得了升华的意义。人类愈孤独、愈渺小，就愈想挣脱，愈想将自我放飞得更高、更远，而考古学的任务，无非是尽量拓展思想的空间。

考古人的襟怀、眼光，是不是特别的不一样？科学如果没有奔放的激情，就会失去源源不断的动力，这一点与艺术相通。何况考古学家面对的还有大量古代艺术品，你没有激情，你又如何理解先人的激情？

希望我们的老少考古学者，同蒋乐平先生一样，记下你们勤于思考的大脑的轨迹，写下你们那些稍纵即逝的激情，让考古学更加充满活力吧！

目录

Contents

Contents

4

Contents

往日重现
——

远处的鸡冠山

我的大学
中山大学康乐园
1982 年 11 月

考古实习
苏州五峰山
1983 年 9 月

初到杭州
西湖六公园
1985 年冬

发掘小憩
象山塔山遗址
1993 年 4 月

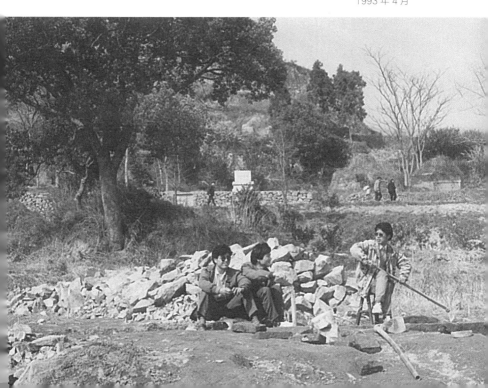

看海
北仑沙溪遗址发掘
1997年6月

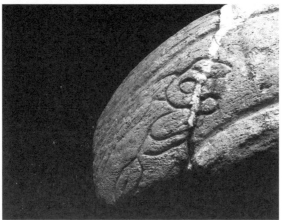

"龙"纹陶片
诸暨楼家桥遗址

太阳纹彩陶片
萧山跨湖桥遗址

围观发掘
浦江蜇塘山背墓地
2001 年 5 月

探方里
萧山跨湖桥遗址
2001 年 7 月

木锥上的"数卦"刻符
萧山跨湖桥遗址

技工张海真
拼复萧山跨湖桥遗址陶片
2002 年 11 月

独木舟初露
萧山跨湖桥遗址
2002 年 11 月

海相堆积层
萧山下孙遗址
2002 年 12 月

探方式发掘
浦江上山遗址
2005 年 10 月

发掘场景
浦江上山遗址
2005 年 12 月

发掘提取土样
浦江上山遗址
2005 年 12 月

现场讨论遗迹现象
浦江上山遗址
2006 年 2 月

浦江上山遗址勘探
2007 年 3 月

技工张农
测绘浦江上山遗址灰坑遗迹
2006 年 5 月

大口盆出土
浦江上山遗址
2006 年 5 月

掺揉在陶胎中的"谷糠"
浦江上山遗址

万年一粒米
浦江上山遗址出土

浦阳江环境考古调查
2008 年 10 月

用石磨盘进行稻谷脱壳实验
2007 年 10 月

浦阳江植物考古调查
2008 年 10 月

引子
————

人生的道路，冥冥之中似有预定。

回忆孩少往事，有两件事难以忘记。这两件事并非关乎鬼神、生死或亲情，而是远方和宇宙。

老家的村边有一条不大不小的溪滩，溪里有鱼，溪那边有山，有田畈。枯水季节，溪滩满是光溜溜的鹅卵石。雨季来了，溪流变宽，哗哗地在卵石上跳着流淌。看着大人卷起裤管过溪滩，大约是小孩眼里有趣的生活场景之一。过溪滩，也成为孩子们长大的必经环节。

这一年的初夏，我试着蹚溪滩。要掌握的要领，除了两只脚丫在滑溜的卵石上抓牢，最重要的是克服头晕。及至中流，大人在边上喊："看鸡冠山！看鸡冠山！"鸡冠山是远处最高的山。仰头盯住鸡冠山，眼睛避离近侧哗哗的流水，头晕就会减轻，这样慢慢稳住，方能成功蹚过。但我终于没有稳住，一屁股坐在溪水中了。好在水不深，天已转热，身上大约只挂了肚兜，哇哇哭几声，大人过来将手安抚，回家擦身换衣，也就了事。

这一年，我大约三五岁吧？

自此，蹚水看鸡冠山，成为人生第一个谜题，重要性似乎超过了蹚水本身。我试过几次，有成功，也有不成功。遗憾的是，这样的实验没能延续多久，很快，我发现即使盯着流水，也不太会摔倒，并意识到这非因鸡冠山不重要，而是自己逐渐长大了。

我的远方应该也必须超越鸡冠山。

第一次到达鸡冠山的另一边，已是初中毕业后的事。我和父亲到邻县卖稻草。记得是下午出发，高高满满的一车，父亲在前面拉，我在后面推，半夜还须翻过一座叫大王岭的长而陡的山路。天亮时，我们到达了目的地。这时太阳刚刚出来，暖暖地照在疲惫的身体上，大家靠着车把或躺在地上休息。有人前去接洽买卖事宜，不久带回的消息是，稻草的价格比之前打听到的每斤降了二厘。多数人心有不甘，不知道该怎么办。麻烦事自有大人去操心，我趁机打瞌睡。

蒙蒙眬眬中，我被自己的思想吓醒过来。我至今记得那个浑噩梦景的逻辑镜像：一根稻草如果变成一车稻草那么大，那么一车稻草会膨胀成怎样？会充塞无边无际的宇宙？我是捂着脑袋惊醒过来的，似乎稻草挤破了脑壳并将自己掩埋。现在想来，这一镜像应该是在极度困乏状态下生命意识的变形与夸张。无意识中，一个弥天大问短暂地吞噬了我：在愈想愈没有边际的宇宙中，愈想愈渺小的生命个体到底是怎样的一种存在？这种浑噩的膨胀和炸裂感，莫非就是生命熔入宇宙的神秘体验？

这是宇宙问题第一次进入我的脑海。

尽管小学的常识课早已教给我们一些关于九大行星和银河系的知识；在无数个闷热而又清旷的夏夜，通过大人们的指点，织女、牛郎、北斗等星星的位置，也已一一落实。但，宇宙的真正大小，与个人脑袋的大小有关，确实是在那个困顿的早晨朦胧意识到的。否则，我的脑袋怎么会出现炸裂的痛楚感？这难道不是装不下宇宙的症状？又否则，霍金的宇宙为什么比一般人的清晰，还不是他的脑容量比常人更为壮观？当然，这些带有哲学性和思辨性的设问，是在后来的人生经历中慢慢获得的。

无论如何，越过鸡冠山，宇宙向我发出了神秘的指引——现在的我，愿意作这样暧昧的理解。我的远方，更其遥远了。

实际上，这次卖稻草，本来就是我的学费的筹措之举。1978年9月，我跨入了一所叫作草塔中学的高中大门，二年后又到另一所叫作"白米湾"的中学转读文科，从此与鸡冠山渐行渐远。考入中山大学后，阴差阳错地选择了考古学专业。

1982年的初秋，中大人类学系1981级考古班在曾骐老师的带领下到南海西樵山实习，内容是野外调查。安顿停当后，同学们身上挎着一个旧的帆布包，在西樵山脚分散开来。

调查伊始，我在一块庄稼地里东张西望，希望能够找到一些石器或陶片，但半天过去，一无所得。茫然间又翻过一块高地，恰好瞥见一位同学在不远处正弯着腰，似乎有什么发现，待其直起身来，手里抓着的竟然是一根干枯的骨头。同学显然满意于这一收获，将骨头插在腰间的挎包里后，更加用心地搜索前进，而将背影留给了莫名惊诧的我。

鉴于系主任梁钊韬先生发现过著名的马坝人头骨，我相信这位同学是将骨头作为有价值的标本采集的。但显然，这块骨头更有可能来自附近的近现代坟墓。我出生在浙东农村，熟悉那里的山态野景，在阳光照到或没有照到的荒径谷道两边，总是散布着各种形态的坟墓。一些失去后人关照的坟堆，因雨水、农耕或其他原因，里面的尸骨常常会暴露在外，最后流失在山间地头。西樵山脚捡到的，应该就是这类遗骨。我惊诧于同学将骨头塞进挎包的坦然与从容，后来又反复寻思"惊诧"本身的意义，得出的结论是，一个考古专业的学生在那一刻向超越鬼神的方向跨出了真实的一步，不知不觉间，又棒喝、启迪了他的同学——一个在今后的路途中可能更为执着的田野求索者。

为什么这么说？我的考古生涯，最精彩的部分正是野外调查。考古调查有三个要诀：预设问题、打破禁区、亲近自然。三十年前同学以西樵山为背景的弯腰、起身、完成采集，像一帧连贯的动画，一直刻录在我的脑海，我将其视为我考古生涯的一个起点。这个起点，将我引向了另一个远方。

1988 年 8 月，大学毕业整三年后，我正式开始了走向远古的跋涉：从七千年河姆渡出发，走过八千年的跨湖桥，抵达了一万年的上山。这是时间的逆行，这是思想的方向，这是考古人才能享受的旅程。

宇宙学中有个虫洞概念，在科幻小说中常被设定为时空细管，透过虫洞，可以在广袤宇宙之中做瞬时的空间转移或时间旅行。而考古指向的无疑也是另一时空：考古学家在现世的尘路中跋涉，穿行的却是通向远古之路，莫非他们的眼前也有一个看不见的虫洞？

残阳如斯，远去的天空可留下几许光彩？

好吧，不妨在此开始我的时光独白。

风
暴
仪
式
———

STORM CEREMONY

静谧的渡口

A Quiet Ferry

1988 年 8 月 1 日，星期一。我从杭州乘火车到达余姚，然后转乘汽车，再步行半小时，于傍晚时分抵达河姆渡。

姚江边上，有三间砖木结构的瓦房，加上一个新砌的水泥门廊，围成一个不标准的四合院，这就是河姆渡考古工作站了。河姆渡遗址出土的大量文物，就存放在南边的一栋房子里。

斜阳洒在瓦楞上，晚霞浸在姚江里，这是一个静谧的所在。原来的河姆村，因遗址保护的需要，已经整体搬迁。最近的村子在河的另一边，需要摆渡才能过去。渡口很简陋，只见一只无篷的木船，停在岸边，不见船公。这就是河姆渡，遗址就以这个渡口命名。

工作站值班的是一位从铁路退休的工人，都叫他老王。偌大的房子一个人管不过来，单位允老王叫来了他的连襟老吴，这一天老吴的妻子也在。与老王和老吴夫妇共享简单的晚餐后，我在门廊边厢一间粉刷较新的小房间里住下。在河姆渡忽远忽近的虫吟声中，我躲进蚊帐，度过了一个难以入眠的夜晚。

这是我第一次来到河姆渡——对考古人而言，圣地一般的河姆渡。不仅如此，我还是以"主人"的身份来到这里。不久之前，我被接纳成为浙江省文物考古研究所"河姆渡文化课题组"的一员。

这次出差河姆渡，我肩负的使命是移交河姆渡遗址文物，确切地说，是为接下来的文物移交登记造册。余姚决定要在河姆渡遗址建造博物馆了，考古工作站完成了它的历史使命，即将拆除。根据事先的协议，部分文物给当地博物馆，部分则留在浙江省文物考古研究所作研究标本。由我来经手河姆渡文物的分配？确实如此。明天，我将进入库房，有机会一件一件触摸那些之前只能从书本插图中看到的圣物了。

这种心情，真不是非考古专业毕业的学生所能体会的。实际上，几个月前，我自己都还不敢想象。大学毕业后，我并未能如愿从事新石器考古，而是听从单位安排，进入了瓷窑址考古室，这一度让我情绪低落。从大学阶段延续下来的肝炎指标一直不正常，也让我无法安心工作。但事情不久发生了变化。1986 年和 1987 年，浙江新石器考古取得重大突破，在杭州西北的良渚、瓶窑两镇一带，连续发现反山墓地和瑶山祭坛，琮、璧等精美玉器大量出土。距今五千年的良渚文化第一次被提升到"文明"的高度，学术界的"良渚文化热"和社会上的"良渚玉器热"悄然形成。

良渚闹猛起来，那么河姆渡呢？

良渚和河姆渡，被称为浙江史前考古的两朵花，应该并蒂开放啊！

尽管河姆渡曾经的荣耀，一点不亚于良渚，但距河姆渡遗址的上次发掘，又是十年过去了。

二十世纪八十年代毕业的大学生已有几批分配到考古所，新生的考古力量在增强，河姆渡确实该做点事情了。在反山、瑶山考古成果的刺激下，由副所长刘军领衔的"河姆渡文化课题组"成立了。

1988年的初夏，一个让人昏昏欲睡的下午，杭州环城西路22号小院子的葡萄架下，发生了让我难以忘怀的一幕：刘军老师在窗外把我从办公室里叫出来，问我是否愿意参加河姆渡文化课题组。在这之前，我与刘老师谈起过对新石器考古的偏爱之情，但机遇的突然出现，还是让我喜不自胜。就这样，我告别了短暂而断续的瓷窑址考古生涯。

这次来河姆渡进行文物移交，是我参加河姆渡文化课题组后的首个任务。我随身带到这里的，只有一本专用来登记文物的空白簿册。

第二天一早，余姚文物管理委员会办公室的小许准时来到河姆渡。小许是当年参加过河姆渡遗址发掘的许金耀先生的儿子，他作为移交的另一方来配合登记。老王打开大门，我们走进了排满了木架子的库房，灰蒙蒙的木架子上排排密密的都是河姆渡遗址的出土器物。从木架子的夹缝间看过去，库房是那么的幽深而神秘。

十多年后看电影《哈利·波特》，三个少年在一个昏暗的火车站里突然撞开一堵石墙，追踪者错以为他们已经上了火车，其实哈利他们却已经在既能吃上冰淇淋又能观察追踪者窘态的另一个空间了。这种魔幻的空间转换，让我联想起当年进入河姆渡库房的情景。我分明与小许一起工作着，但身体似乎又进入另一个世界。在触摸到陶釜、石锛的那一刻，我真切听到了既浑浊又清晰的历史回声，仿佛木架子里面，有古河姆渡人说着我听不清楚的语言。我至今认为，这是一个考古从业者的专享幻觉。

当然，这种幻觉又与我过快地进行了身份转换，来不及适应工作状态有关。

移交登记工作本身很简单。我挑选器物并报出字迹细小的器物编号，小许负责登记上册。我适时重温了大学里学到的有限知识，再根据刘军老师的嘱咐，对每一件器物的归属进行甄别和挑选。有一件器底破损处露出夹心绳纹的陶釜，二十多年后在浙江省文物考古研究所标本室里，被河姆渡考古前辈牟永抗先生指认为贴塑制陶法的典型标本。这件器物能留在考古所，或许有我的功劳。

这次登记的主要是陶器和石器，大量的骨木器标本并未列入这次移交。后来我在浙江自然博物馆看到大量河姆渡遗址出土的动物骨，说明发掘标本的分割或分配曾经发生过多次。我作为一个新人，当时没有考虑更多。

工作不算繁重。几天后，我们完成了移交器物的登记造册。小许每天晚上都要回城，偶尔因事不来，我便有了更多的闲暇：花上二角钱，可以渡船到对岸；借老王的鱼竿，还能到姚江边上垂钓。姚江，这条以舜帝传说取名，养育过严光、虞世南、王守仁、黄宗羲、朱舜水等历史人物的河流，就在我的身边静静流淌。

历史是一首交响乐，因弹奏它的钢琴日益破旧而不可避免地损失着原有的音色。现在我站在古老的姚江边上，应该选择怎样的凭吊之情？

　　七千年前，就在我的脚下，或许以同样的姿势站着一个"衣衫褴褛"的男子，因在原始社会里无障碍地吸收天地之营养，可能更挺拔有气质吧？这个男人应该有女人了，不远处，在四明山和姚江之间，排立着几处木构的大房子和小房子。房子边上，还有几个女人和孩子在活动。这些女人是他的妻子？不对，应该是他和他兄弟共同的妻子。当时被认为是母系社会，但身强力壮的男人依然是女人的依靠。看这男子跃跃欲试的面部表情，他准是听到了四明山传过来的几声鹿鸣，或是得闻姚江中的鱼汛？

　　这是七千年前河姆渡遗址的复原场景。需要补充的是，男子身后的不远处，还有一大片水稻，这可能是世界上最早的水稻田了。好一个繁荣的大聚落！他们中间还涌现了卓越的艺术家——在一些骨雕、牙雕、木雕、陶塑作品上，发掘者发现了栩栩如生的鸟、鱼、猪等动物造型以及更加繁复深奥的组合图案。这证明在优越的环境中，这些农耕兼采集狩猎者，过着富裕而充满想象的生活。

　　这些往事，此刻很大部分都深埋在这片土地下面。

　　十四年前，河姆渡所在的罗江公社在这里兴建排涝站，在挖开的地基中发现了陶片、石器、骨器、动物骨骼等，这七千年前的遗址得以重见天日。随后几年，浙江省文物管理委员会对该遗址进行了两次考古发掘，获得重大成果，小小河姆渡遂名扬天下，成为"长江流域是中华文明摇篮"这一命题的第一证据。当时考古场面非常宏大，受"农业学大寨"的政治气氛的影响，工地专设广播站，建有公共大食堂，工作人员最多时曾达二百多人。架线拉灯，重要遗迹晚上也抢时间发掘，隐有大会战气象。

如此热闹壮观的场景，可有惊动这里曾经的主人？考古学家对遗址的解读，又是否获得了古人的认同？

正如每一个陷入了悠远沉思的人，一种良好的存在感总会不自觉地爬升到你的心头——这是历史的神奇赋予。

姚江潮平，四明山那边的一团乌云正掠过远处的江面。

衣袂飘飘，竟是起风了。

暴风之夜

Storm Night

1988 年 8 月 7 日，平静的一天，没有任何预警。晚饭时，老王的小收音机恍惚传来过"台风""象山港"等字眼，也是习以为常，没台风就不叫东部沿海了。

我最后检查了文物登记册。明天，刘军副所长要来与余姚文管办落实文物移交手续。然后他会和我一起离开河姆渡，前去宁波踏勘计划将要发掘的宁波慈湖遗址。

天气似乎比往日多了一丝凉意，我关好窗门。缺了一角的窗玻璃，恰如其分透进来清爽的空气。平时不用的毯子今晚用得上，我想，看样子可以睡个难得的安稳觉了。

半夜里，我被嗖嗖的风声惊醒，起来看时，窗外似乎站着一个吹口哨的魔鬼，在猛力地推动窗门。雨水从破孔中蹿进来，蚊帐顷刻间变成飘幡。正犹豫要不要出去喊老王，砰的一声，窗户被大风撞开，强大的气流在小房间里旋转，我几乎站立不住，锁着的木门不知怎么也开了。我裹着毯子，紧紧靠住窗、门之间的墙壁，借以躲避台风的正面冲击。

风越来越大，山呼海啸，屋檐似乎随时都会被掀开。恐惧袭来，但我当即意识到，自己实际是工作站里最安全的一个。我的房间是后来加盖的，屋顶是水泥平顶，较低矮，看起来比较牢固；老王他们住的房子，包括库房，是山梁瓦顶，更容易因兜风而垮塌。我不禁担心起他们的安危来。更糟的是，库房如果塌了呢？那只能在瓦砾中再来一次发掘，重新再来一次器物修补吧？

趁风势稍缓，我移位换了一种姿势，一手抓住门角，肩膀抵住墙壁，小半个身子探出门框。这样，即使房子垮塌，我大约能够在第一时间冲出房子，避免被水泥板压住。以这样的姿势，我慢慢稳住了心态，并试图去冷静观察台风的形容气势。

这是一次煎熬中的漫长凝视。以这样的姿势，我经历了这场在台风史上著名的8807号台风，并在漫长的凝视中进行了难得一回的情景思索；以这样的姿势，第二天清晨老王起来检查房子时，发现我裹着烂湿的毯子在靠近门角的地面上睡得正香。

后来得知，这场台风在浙江夺走了一百六十多条生命，西湖边百分之九十的法国梧桐被连根拔起，城市一片惨象。但在那天夜里，暴露在我眼中的却是其挣扎和软弱的一面。它愚蠢地撞开我的窗门后，只能无奈退回到天际线躲藏起来，像个阴谋家一样发起一轮轮远距离的威慑和压迫。在那昏天惨地的呼啸声中，我印象最为深刻的是远近形态大小各不相同的树木，在暴风雨的肆虐中一次次屈身倒地，又一次次顽强挺立，在呜咽中奋力抗争。我惊叹于自然界的对抗，并感受到一种原始力的强大吸引。

这种原始力因强大而神秘，因神秘而无解，因无解而单调。我已经忘记自己怎么会在这样的情况下在地上睡去，后来想，那应该是在无边无际的困惑中感到了一种身心的疲乏。

当人类被某种力量控制时，世界往往是单调和乏味的，力量愈强大，则单调乏味愈甚。风暴如此，海洋如此，沙漠如此，如果没有几颗星辰的闪烁，天空更是如此。

我后来多次到过海边，中国东海岸、澳大利亚的南海岸、日本的西海岸，坐在黄昏的礁石上，倾听海潮拍打海岸的声音。在磅礴而压抑的潮声中，体会大海的悲鸣或叹息。那种单调的重复，每每会在内心激起不着边际的震撼和同情。这种震撼和同情，似萌生于最古老的鸿蒙蛮荒，笼罩在无法穿透的黑暗铁幕，因无法自由生长而千缠百结。

人类被这黑暗囚禁的时间太久太久。蒙昧时代，人们编织各种神话，涂鸦令人窒息的铁幕，试图赋予黑暗一抹亮色。但文学性的玄想只是聊胜于无的存在，只能暂时缓解人类的无聊和孤独。

中世纪以来，人类在穿透铁幕、探索宇宙的道路上大步迈进，发生了一系列堪称伟大的认知事件，如地球中心说向太阳中心说的转变、环球航海对海平面实际是个球面的确认，当然还应包括牛顿的万有引力和爱因斯坦相对论等。它们的最大共同点是实证，并拥有一个共同的思想方法，叫作科学。

与神话、宗教不同，科学能够将认知持续推进。确定一个事实，就像攀岩者找到一个新的抓手或落脚点，由一个事实通向另一个事实，借以不断提升攀登的高度。典型如天文学，通过哈勃望远镜确定一颗实在的行星，并用光学物理的方法探测距离。一颗又一颗地发现，一颗又一颗地落实。

在科学光柱的照射中，人类从宏观、微观的多个维度，不断开拓着认知的疆域。天文学家以星星为刻度记录空间之广，考古学家则是发掘遗址以记录时间之远。因为失忆，黑暗重新挤占了人类的识知空间，世界重归荒芜。而考古发现的一个一个遗址，不就是点亮黑暗的另一种"星星"吗？

河姆渡就是这样一颗星辰，它照亮了七千年前亚洲东南部的一片区域，是那么的耀眼明亮，这是人类文明的闪光！

说起来，河姆渡还真是一个意味深长的地名。河，在汉语的语境中，为生命之源；姆，就是母亲；渡，不正是历史航船的起帆之处？在河姆渡发现中华文明的"源头"，真是造化之大巧，这大约是每一个站在河姆渡口的人，都会不由自主出现的联想。

　　尽管自河姆渡之后，长江中游及淮河流域已经发现了更早的新石器时代遗址，但文明的渡口已经建造在中学课本里，建造在中华文明的记忆深处。剩下的问题只有：历史的航船从何处驶来、将驶向何处？

　　明天，我将渡过河去，去宁绍平原的深处，去追踪河姆渡文化之源流。

　　我的考古生涯，将在这里开始。

来了，宁绍平原

Ningshao Plain, Here I Come

台风过后，我随刘军副所长和同事大王离开河姆渡遗址，到宁波与天一阁文保所的林士民先生、老丁、小贺会合，然后乘文保所的车子前往慈城，开始计划中的慈湖遗址试掘。

如果坐车时膝上摊开一张地图——正如考古人习惯做的那样，就会发现，我们正行于一条沿海走廊的东端。这条走廊北起杭州湾，南依四明山、会稽山脉，地势平缓，地形狭长，由西向东贯穿萧山、绍兴、上虞、余姚、慈溪、镇海——这就是传说中的宁绍平原了！

宁绍平原是个地理名词，但在河姆渡遗址发现后，它又转化为考古学的一个附属概念：河姆渡文化分布区。因此"宁绍平原"一词在考古学著作中的出现频率可能还要多于地理学著作。地名是故事的最佳讲述者，考古人心目中的宁绍平原，与普通文史爱好者熟悉的中原、汉中、关中等概念一样，早已是波澜壮阔的人类历史的一部分。

但若仔细推敲，宁绍平原在考古学上并不是确切的地理概念。从地图上看，河姆渡遗址、慈湖遗址的位置，是在宁绍平原南部边缘的山前地带，并非平原腹地。河姆渡遗址所在的姚江流域夹在慈南山地与四明山之间，是个半封闭的盆地。实际上，被称为浙江第二大平原的宁绍平原，并非自古就有，而是在漫长的地理变迁中慢慢形成的。新石器时代以来，杭州湾南北摆动的总体趋势是向北侵蚀、向南堆积，宁绍平原是一个不断扩大的过程。假如这一地区覆盖着一系列古老的遗址，这些遗址也更有可能是坐落在大陆架相连的原生山地间。因此，将宁绍平原与河姆渡文化套合，是概念的非逻辑叠加。

即便如此，宁绍平原的面积只有四千八百多平方千米，略大于浙江县域面积最大的淳安。将河姆渡文化分布范围限制在这么一个窄而小的区域，可能并不是历史事实。在实际运用中，宁绍平原这一概念常常被置换为宁绍地区、钱塘江以南地区。人们之所以愿意借用"平原"这一概念，原因大致有二：一是词义所引申的开阔的历史感；二是追求与杭嘉湖平原的对应。前者是不自觉的，后者则有一定的客观性和学术性。

这里，有必要先了解一下与之隔钱塘江相望的杭嘉湖平原。杭嘉湖平原是浙江新石器时代考古工作开展得最早的地区。1936年，施昕更发现杭县（今杭州市余杭区）良渚遗址，因遗存本身的重要

价值及发掘方法的科学性，一直受中国主流考古学界的推崇，浙江
史前考古因此有了一个高起点。另外，杭嘉湖与苏沪地区连片，与
文化"发达"的黄淮、中原地区更近，这也对这一区域的考古工作
带来不可忽视的影响。

相对于"宁绍平原"而言，"杭嘉湖平原"是一个更具科学性
的概念，因为距今约六千年以后，杭嘉湖平原基本稳定下来。良渚
文化遗址，更是典型的平原遗址。

从马家浜文化到良渚文化，浙江史前文化的第一杆标尺，是在
杭嘉湖平原建立的。河姆渡遗址发现后，也就自然形成了河姆渡—
马家浜（含崧泽，后来独立命名为一种考古学文化）—良渚的文化
发展序列。但这一序列在河姆渡文化命名两年后就受到了考验。经
碳-14同位素检测，新发现的桐乡罗家角遗址早期文化层，年代也
达到距今七千年，不晚于河姆渡。怎样平衡河姆渡与罗家角的"源
头"地位？它们是一种考古学文化还是两种考古学文化？

这个时候，一条钱塘江，帮助解决了问题。

简单地说，考古学家放弃了区域统筹的老观念，而以钱塘江
为界，将浙江新石器文化分为一南一北两个序列。北边是马家浜—
崧泽—良渚文化，新发现的罗家角早期遗存归入马家浜文化的最早
类型；南边则是河姆渡文化。北边前后有三种考古学文化，从距今
七千年到距今四千年，谱系比较完整。南边只有一个河姆渡文化，

作为一个谱系略显勉强。为弥补这一缺陷，考古学家在河姆渡遗址的解读上费了很多心思，但在结论的呈现上，却似乎陷入了逻辑的瓶颈。

河姆渡遗址共分为四个文化层，夏鼐定义的河姆渡文化，所指是年代最早的四、三两层，没有包含二、一层。学术界倾向于将二层和一层划归为马家浜文化和崧泽文化。罗家角遗址发现后，为达成钱塘江南北自成体系的学术设计，河姆渡文化定义作出了相应的调整。一种调整方式是四至一层统归河姆渡文化，四个文化层分别代表四个期或前后相续的四个类型；另一种调整方式是干脆分为四种文化，即一期文化、二期文化、三期文化和四期文化。两种调整方式，都是为了摒弃河姆渡—马家浜—崧泽的统一序列，构建一南一北各自独立的谱系。为达成谱系目标，河姆渡遗址三层与二层之间的内涵差别，被解释为存在这一文化"缺环"，需要通过新遗存的发现去弥补。

但一个更大的"漏洞"随之出现：宁绍地区存在良渚文化吗？就历史的逻辑而言，考古学文化是一个不断壮大、融合的过程，反山墓地、瑶山祭坛的发现，已经证明良渚文化的高等级社会性质，一条钱塘江，就能阻断良渚文化向南扩展？如果承认良渚文化跨过了钱塘江，也就承认了钱塘江并非天堑，那么，对河姆渡遗址晚期出现的马家浜文化、崧泽文化因素，是否可以有别样的解读？

熟悉河姆渡遗址的人都知道，遗址二层出土喇叭形泥质红陶豆、双目式足鼎等属于马家浜文化的器物；一层的内涵比较杂乱，不但出现崧泽文化因素，也见有良渚文化因素，距今四千八百年的测年数据，更已经进入良渚文化的时间范畴。之所以把河姆渡一层遗存定义为河姆渡四期文化，除了为把钱塘江南北的"二分"谱系贯穿到底，很大的考虑，也是为了稀释崧泽文化和良渚文化的混杂因素，使之模糊成为钱塘江以南地域性的特色现象。但历史是客观的，决不会遵从人为的意愿，不断积累的考古资料证明，良渚文化确实跨过了钱塘江。这样，突破禁锢、深化、整合和完善浙江新石器文化谱系研究，成为必须要面对的问题。

河姆渡文化课题组成立伊始，所确定的三大课题中的两个，实际就是想解决宁绍平原新石器文化的谱系问题，即河姆渡文化的后续和河姆渡遗址三、二层的"缺环"。另一个大课题是探索"先河姆渡文化"，弄清河姆渡文化的来源。二十世纪八十年代中期，长江中游已经发现了彭头山遗址，年代超过河姆渡遗址。长江流域的早期新石器考古，浙江已经失去领先位置。因此，突破七千年，成为浙江考古的迫切追求。河姆渡文化需要再续自己的光荣。

尽管我只是一个考古新兵，但对河姆渡文化的学术背景并不陌生，大学毕业论文的题目是"中国东南地区新石器文化的考古学编年"，论题之一就是河姆渡文化。无疑，我是带着跃跃欲试的心情加入河姆渡文化课题组的。许多学术上的困惑，现在有了亲力亲为的探索机会，这是何等让人兴奋的事！

从车窗远远望去，宁绍平原一碧如洗。

汽车正向平原深处急驰而去。

领队培训班

AN EXCAVATION DIRECTOR TRAINING CLASS

探方，探方

Trench After Trench

那天坐在驶向宁绍平原的汽车上，驱驰我心灵的还有一份特殊的激情，那就是我已经被单位报送去山东参加国家文物局举办的第四期领队培训班。这意味着，我将有机会获得"领队"资格，从而可以带领考古队实施一个考古项目，成为一项研究的主持者。

当我梦醒时分认真回顾早已过半的人生历程，常常感喟1988年优先成为"领队"培养对象这件事。受宠若惊之余，等待我的是培训和考核的大关，据说那是一种魔鬼训练，淘汰率极高。大学毕业后，因为身体原因，我的田野考古经验十分缺乏，培训班的考核内容是遗址发掘，我真还从未经历过呢！

探方，是遗址发掘的标准方法。探方发掘的第一步是"布方"，即拉扯绳线确定发掘的位置，不会太复杂，但因从未经历过，我还是感到莫名的紧张，怕第一步做不好，会被"就地正法"，取消培训资格，那是多丢脸的事！行前在宁波的一家旅馆里，我屡次向刘军先生询问"布方"原理和方法，心里总是不踏实。——记得那家旅馆叫华侨大厦，房价二十七元，我和刘军合住，回单位报销的时候，刘老师受到了一些责难，因为旅馆太高档，即使是两人一间，年轻人也没有共享资格。当时的普通旅馆费是十元左右。这是闲话。

这种紧张情绪在抵达培训地后愈发严重。九月中，来自全国各地的二十四名培训学员在山东兖州的一家旅馆报到，第二天一早将赶赴泗水天齐庙遗址进行为期半年的田野发掘培训。当晚，我又见缝插针地向同住一室的一位学长请教"布方"技巧。令人感慨的是，这位学长后来居然在培训的野外阶段被淘汰了！

天齐庙遗址，位于山东省济宁市泗水县南陈乡天齐庙村北，坐落在山前阶地，泗河在东南方向流过。

我们到达的时候，培训班工作人员兼学员老乔、小李早做好了准备，探方已经整整齐齐地布置完毕，每个学员领到两个。关于"布方"的种种担心，顷刻烟消云散。可能因为受过那么一点心理折磨，后来我对探方的要义掌握得还不错，诸如象限法布方、虚拟原点和坐标记录法等探方发掘法，更是了然于胸。

探方，这个曾经怵于其中，最终让我"乐不思蜀"的方土框，从此陪伴了我大半生。这种特殊的情结，让我对探方有了属于自己的独特理解。

探方诚然是一种发掘方法，方正平直的设置，是为了更好地分辨文化层、记录遗存的空间分布。但探方又是一种别有仪式感的存在，一个考古门外汉，进入遗址发掘现场，首先大约会被探方的气势所镇住，探方数量越多、越整齐，这种气场就越大。而对发掘者而言，整齐划一的探方阵势，能够带来一种巡阅的快感。很少人能够享受这样的体验，例外的可能是国家领导人，他们在特殊的节日，以检阅队伍方阵的形式获得对世界强大控制的威仪，只是过程略嫌紧张。稍微休闲的是农民巡视自己的土地，在黄昏斜阳中留下负手于方块田垄的独立剪影，但那也不过是一亩三分的自留地。探方前的考古领队，却兼有帝王的气势和老农的从容，陈列在他们面前的，是黄土地的旷远和历史的纵深。一个个探方犹如镶嵌于沧桑老屋的一扇扇神秘窗口，静穆中展露着吐纳古今的气势。

　　大学时读《尚书·禹贡》，看到"禹序九州"，首先感到荒诞，随后想到的是帝王崇拜。"禹敷土，随山刊木，奠高山大川"，在我看来，完全是创世神话。网络有诗云："天际茫茫岂有穷，撑天八柱尽虚空。"八柱虚空，九州亦然。但构建九州秩序的情怀和气魄，毕竟还是颇具感染力，这实际也成了嬴政刘项之辈的毕生追求。不知是否中国文化的独有脉理延伸到了我的骨髓，当我站在探方前面的时候，居然也有一种"序九州"的感觉。

为什么呢？我还真的作过认真的思考。

首先是《禹贡》演绎的九州图，往往被勾画成九宫格的形状，这很像探方的分布，说明探方的形式很符合古人的天地观。其次呢，探方发掘的位置，尽管也经过前期的调查，实际还存在很大的随机性，但一旦发掘开来，发掘者会下意识地将其看作遗址的最重要部分，以局部代替全体，这就很接近于我们的祖先将自己住的地方叫作中国，是世界的中心。相应地，对遗存的具体解释，亦倾向于意义的附加，夸大探方区的价值覆盖：发现一个竖着的石块，应该是神秘的纪念物；发现两个柱洞，很可能是重要建筑；一片红烧土，则是祭祀遗迹了。很荒唐吗？一点也不。实际上，人的世界都是以自我为中心构建的，这是认知逻辑中无法超越的局限性，却非常符合人类完善自我的自然本能。能将眼力投放至被人类遗忘的远古时代，已经是考古人确立世界视角的独特优势。主观性永远主宰着人类的认知，必须享受这个过程。我们在对遗存进行阐释时，会不自觉萌生一种塑造世界的冲动。这与"禹序九州"，难道不是异曲同工？

没错，探方中隐藏着一个消失的世界。在发掘和阐释的过程中，隐藏着开天辟地、指点江山的快感。

阿弥陀佛，请允许半辈子怵于人事也拙于人事的我，享受片刻帝王般的幻觉吧！

有点遗憾的是，我一直没能将探方整成理想中的方正平直，特别是深度超过两米的探方。用培训班考官不客气的话来讲：你怎么将探方壁挖得像狗啃过一样？是手不巧吗？不完全是，只要你愿意，民工完全可以帮助做好这件事。实际上是一种"将就"心理在作怪，人一辈子的努力，有多少会在这样的"将就"中付诸东流？

起码，探方边上美妙的"帝王"感，因此大打折扣。

天下第一铲

The First Shovel in the World

探方所含的天地观，实际广为考古人所接受，只是没人说出来。

一个重要的证据是，考古界以"天下第一铲"称呼田野水平高超者。手不离铲，铲不离手，被认为是发掘者的基本素质。用"天下第一"称呼行业翘楚，就脑子所及，除了武林，还用在哪？起码没有用在屠夫身上。庖丁是庄周从修身的角度提炼的形象，并没有称其为天下第一。

天下之器，必有天下之用。手铲者，发天下者也。

但就具体功能而言，手铲最近似庖丁的解牛刀。以庖丁解牛比喻考古者用手铲辨土发掘，非常形象贴切。记得培训期间发掘的第二个探方，揭去表土层后，我把土层表面铲刮得如镜子一般光，只看到一片褐中带绿，土色并不驳杂，我的第一反应是，OK，这就是第二文化层了！但提着手铲的张文军老师站在隔梁上说，NO，这个不是第二层，也不是第三、四层，而是一连串有打破关系的灰坑。这顿时让我懵了。一连串灰坑？一个灰坑还差不多，而且刚好与探方一般大小！但实际上你不用怀疑，张老师就是庖丁。

他能看到地层中的"肌理"，达到了这样的境界，以至于"所见非全牛也"。

据说，张文军老师就是"天下第一铲"，这是培训班同学老魏告诉我的。老魏是吉林大学考古研究生班学员，张文军也是老吉大。传说到了身边，才有仰望的资格。但吉大人捧吉大人，是否有王婆卖瓜嫌疑？对此吉大考古人似乎并不回避，他们就是田野第一！这种霸气听起来令人惊讶，但如果你认识张大帅，一切都迎刃而解了。

张大帅即张忠培先生，是老一辈考古学家苏秉琦先生的学生。苏秉琦是北大考古专业的主要创始人，张忠培成名后去吉林大学创办了考古专业，因此吉大考古是北大的嫡传。但吉大创出了自己的风格。这风格是什么？颇费思量。按我浅陋的理解，吉大考古的霸气，建立在对中国考古学保守的自信之上。中国考古学是个什么概念？可能要从"考古学的中国学派"说起。

1984年，苏门两大弟子俞伟超、张忠培在一本苏氏文集的"编后记"里，提出了"中国学派"概念，后来虽然没有在学术界正式运用，但影响深远。对考古学稍有思考的人，大约都会有这样的朦胧认识，即博学且更有西学功底的夏鼐，似乎走的是有一说一的考

据学路子，土生土长的苏秉琦，反而具有更为大气的理论偏好。 059

1988 年选入高考语文试题的《华人·龙的传人·中国人——考古寻根记》一文，较能反映苏氏的论文风格。考古对历史学的贡献，通常反映在具体的材料或概念上，但苏秉琦似乎在寻找一种独特的考古学述史语言。我甚至认为这种语言风格与"中国学派"的提出存在某种关联。

那么俞、张眼中的"中国学派"是什么？用比喻的说法，那就是一座名字叫"区系类型"或"多元一体"的大楼。这座大楼的建筑材料是中国的，构造的样式是中国的，砌合风格也是中国的，但大楼的基础——地层学、类型学和考古学文化概念——却是完完全全的"舶来品"。这就出现了一个悖论，以"舶来品"为基础的"中国学派"何以独立？而执着于"舶来品"的张忠培先生又何以成了"中国学派"的坚定捍卫者？

要说清这个问题，或许应该将几年后显现的、对中国考古学产生深远影响的"新考古学"冲击波拢在一起进行分析。

二十世纪八十年代后期，改革开放后最早出国深造的那批学子，第一次发现欧美考古学与国内的传统考古学很不一样。惊奇之余，他们选择有代表性的论文翻译进来，这一笼统称为"新考古学"的理论方法，迎合了年轻一代考古人求新求变的热情，掀起了中国考古学的变革思潮。简单地说，"新考古学"是一种重在解释的考古学，它旨在设计解释模式，让考古资料进入特定的模式而"活"起来，从而实现史前社会及观念形态的"重建"。"重建"是恢复"原来"的意思，但"原来"是什么？我们能够看到的"原来"只是"不完整"的遗存，"不完整"意味着"重建"的不可能，那么使之成为可能的"模式"来源于哪里？"模式"与遗存之间应该建立怎样的契合度？历史的存在只是为了满足一种认知需求吗？问题最后都指向了令人绝望的哲学问题。

新考古学让苏门两大弟子走向殊途，俞、张两位先生之间的争论，成为新时期中国考古学思想激荡的集中反映。表象上，俞伟超更多接受了新考古学的思想，张忠培则固守传统考古学；本原上，前者对考古学的更多追求持理想主义的开放态度，后者则倾向于正视考古学的局限性。冷静下来看，这些都是考古学作为事物多面体的不同反映，但争论永远是学术走向成熟无法逃避的环节。争论发生时，张、俞都已经离开了吉大和北大。作为学科创办人，张忠培的理念对吉大考古的渗透十分深厚。才华横溢更具艺术气质的俞伟超，隐隐然成为追求新思想的一大批年轻考古人的领袖。作为中国考古学正宗传人的中国社科院考古所和北大考古系，一时反倒游离于争论的旋涡之外——这当然是一个唐突的判断。之所以这么说，无非想说明本来脱胎于北大的吉大考古，在领队培训班前后那段时间，因考古学"中国学派"的倡议和"新考古学"的搅动，正被时代的光环聚焦。

从某种角度看，张忠培因"取巧"而立于不败。

中国考古人的学术训练全在传统考古学，更多人对"新考古学"的认识是似是而非的。失去地层学和类型学，考古学会变成什么样？无法想象。更何况"新考古学"实际并不排斥地层学和类型学，那是考古资料的基础来源。一些人之所以站到张的疑似对立面，无非觉得张挟"中国学派"之势，对同行的要求有点"苛刻"，但实际上大家又都是认同对地层学、类型学的严格要求的，这种虚弱的立场反而提升了张的高度。张忠培执着于传统考古学的简捷与深刻，坚信考古遗存"有序"地存在于一定的时空中，考古学的使命就是揭示与阐释。这种对"有序"的思考和追求，超越了地层学和类型学作为方法论的一般意义，而接近于本体论，这也使得他的思考更接近于苏秉琦的风格。

如此说来，所谓吉大考古田野第一，更确切的说法应该是田野重视第一。但这种重视，是需要资本的，没有大量严格的田野操作训练，重视也是一句空话。这一点，北大、吉大所占有的考古资源，是其他多数大学无法企及的。比如我自己，大学实习期间发掘了两个残破的石室土墩，遗址发掘训练基本没有，致使我对简单的"布方"心怀忌惮。我有一位师兄，后来取得很大的田野成就，但在读研期间，为了证明自己不是孬种，据说蹲在探方边上吸完了半辈子的烟，用手铲刮呀刮，试图破解地层密码。

对中国考古人而言，你可以暂时呼吸一下"新考古学"的新鲜空气，但一旦走进探方，沉重的使命感就会压得你喘不过气了。一个合格的考古人，下田野时如果不起个手泡、磨破点手皮，似乎就对不起这把手铲，这是事实。

考古界流传的一句话，听来让人啼笑皆非："远看像要饭的，近瞧如民工，走到跟前才知是干考古的。"这是考古人对自己外在形象的解嘲，但就内在的气质而言，探方里农民一样的考古人，无疑更像一个科学家。

Drawing Lines: Continuation and Termination

作为齐鲁大地的一部分，泗水的名人故事也可随手抓得一把。孔子的得意门生仲由就是泗水人，"子路好勇，闻过则喜"，说的就是他。更吓人的是，据王献唐先生考证，中华始祖伏羲也是泗水人。我们发掘的天齐庙遗址，又称姑篾城遗址，乃《左传·隐公元年》所载"公及邾仪父盟于篾"之"篾"。浙江龙游、汤溪一带也有姑篾国传说，两者关系，颇费猜详。

从住地到遗址，大约二十分钟的路程，中间穿过一条常常处于干涸状态的小溪，溪边有一片白杨林，林子后面掩映着几栋农家土屋，就是天齐庙村了。村西有座山，半山腰斜出的一片巉岩，几处灰白岩石颇具动感地散布在山坡，远远地很像一群野放的山羊，每天经过都能看见，恍惚已经凝固成了传说。

那段时间我喜欢写几句诗，对这群"羊"很有感觉，也琢磨过几句。但随着发掘的进行，终于发现更有庄严感的诗句隐藏在遗址深处。

这一天，我探方里的晚近地层清理完毕，手铲第一次触及姑篾国或更早的时代，并清晰地刮出一个圆形的灰坑。是的，很清晰，坑内是黑褐土，坑外是褐黑土——注意，这不是文字游戏。当我用铲尖勾画出一个圆圈和似乎专为衬托而来的另两个不规则小灰坑时，我的心颤抖了。晚上，我给一个同事写信。我已经忘记了这封信的具体内容，只记得是用朦胧诗的句式写的。

我深感古人第一次呈示于我，袒露于我，透彻而真实。这种真实是对我主动趋近的呼应，层面上清晰的线条，是我与古人作揖相望的界河，犹如显灵的画符。在我后来的考古生涯中，经常有媒体采访，我不止一次向记者形容这种感觉。古人做过的事情，我们重新做了一遍。那么古人相信谁？会向谁透露历史的奥秘？这或许是考古学家破译上古历史的最大优势。

古人做过的事，我们重新做了一遍。这指的是这样的一个地层学原理：人类活动过程以地层叠压和打破的形式封存下来。所谓叠压，就是生活堆积——垃圾、建筑坍塌物、铺的路以及委为尘土的一切物什——造成的层积。这种层积现象客观存在，比如，杭州的南宋皇城，考古发现时已经被掩埋在四米深的位置了。这四米厚的层积就是一千年的时间叠压，里面可能有元、明、清的地层。地层中包含文化遗物，经常别称文化层。所谓打破，是人类活动的特有形式，因生活需要，经常需要掘土挖坑，最为我们理解和熟悉的是打井。实际上土坑的成因十分复杂，如储藏粮食的地窖，一些半地穴的房子以及建造房子的墙基等，当然还包括埋葬用的墓坑，都是挖出来的。这些坑、槽、洞间杂在地层堆积中，考古学将这样复杂的堆积现象描述为叠压和打破。考古发掘要做的，是将这种复杂的地层关系逆向还原，有点像计算机通过图像分解，"倒退"事物的形成过程。

但地层的"倒退"和计算机图像的"倒退"，并不是一回事，后者是已知、确定的，前者则是未知、混沌的。彼此无法打招呼的一代又一代古人，并没有想到有考古学家试图还原他们的生活场景，往往将遗迹弄得支离破碎。因此，考古人除了心里要装有地层形成的原理，还必须有一双火眼金睛，因为地层的叠压打破关系需要通过土质土色的分辨揭示出来，这也是色盲不能从事野外考古的原因。

到过遗址发掘现场的人，经常会看到探方四壁画着一条一条的线，如果你多待一会，还会发现考古队员用手铲在地层平面上反复地刮呀刮，并试着画出不同形状的圈圈来。这些线条就是地层线和遗迹线，挂在剖面的是发掘的完成时态，画在平面的则是发掘的进行时态。从原理上讲，画好了线，就如庖丁看准了牛筋骨的间隙，一刀下去，"以无厚入有间，恢恢乎其于游刃必有余地矣"。看不准呢？大约就会刃卷刀折，至少做不到"十九年而刀刃若新发于硎"。

考古画不准线，不但无法清理出遗迹，而且会扰乱层位关系，造成对遗址的破坏，而画不准的原因，当然是土质土色太复杂了！

地层关系中有个基本逻辑，就是勾画出来的地层线和遗迹线，在平、剖面上必须是延续和封闭的。残酷的事实是，因土质土色的复杂多变，追踪并落实线的始点与终点并不容易，这是对发掘能力的严峻考验。因此，对于培训班的学员而言，地层线的延续和中断，就具有某种象征意义：阁下考古事业的延续和中断。学员所在的工作单位挑选你来参加培训，是给你机会，机会越难得，挑战也就越大。如果淘汰回去，无疑是失败者。事实证明，后来不幸没能结业的学员，或多或少改变了事业的轨迹。

记得在天齐庙培训期间，我有一次被"开小灶"。"开小灶"就是学员在难以厘清楚地层关系时，请老师单独指导。具体办法是趁早上晨光熹微，老师早饭没吃就陪你到探方，帮助你辨认遗迹、梳理地层关系。

为什么选择早晨？因为此时从地平线射过来的柔和光线能带来特殊的土质土色分辨效果。

"开小灶"是无奈的举措，在培训班里，容易被认为是田野能力弱。能干的学员往往会寻找各种客观原因，尽量避免被说成"开小灶"。只有像我这样自己都觉得田野经验不足的人，才会欣然接受老师的额外指导。

由此可见，培训班的日常考核相当残酷。有一次一个考官中途
来工地检查，由于该考官是某地的考古所长，因此特别关照本所的
学员，专门"开小灶"指导划分地层，结果闹得该学员两手发抖，
差点握不住铲。又比如，相邻探方的地层线应该是通连的，但也会
出现不一致的情况，这个时候，学员之间容易出现互相推诿，不太
肯承认是己方错误，怕一旦承认错误，在老师掌握的"生死簿"里
留下记号，影响考核的结果。

从某种意义上，田野考古是一门模糊科学。既然有"天下第一
铲"，那必然还存在"第二铲""第三铲"……，不同发掘者之间
的发掘结果必然存在不同程度的差别。造成这种差别的原因，可笼
统归因为田野水平的高低。但遗址成因十分复杂，堆积现象千变万
化，没有规律性，这与庖丁解的牛还是不一样。举个例子，天齐庙
遗址发掘中，灰坑数量之多，超出想象，一个五米见方的探方里，
三四十个灰坑算少，五六十个普通，七八十个亦不偶见。何为灰坑？
各种坑穴废弃填埋形态的统称，是田野考古最普通的概念。但学员
私下认为，真实的灰坑数量远比实际存在的要少。

为何要"杜撰"出一些灰坑来？表面可归因于灰坑越多水平越
高的考核综合征，实际还是与地层学认识上的惰性有关。看到一块
斑驳的杂土，解释不了成因，必以灰坑视之，清理时又无法找到确
定的坑壁。实际上，我们无法穷尽地层的复杂性。如果在发掘中失

去对平衡的把握，怯于取舍，大约很容易陷入烦琐主义的泥淖，发掘水平也将是可疑的。

从本质上说，考古发掘试图向极限靠拢，但极限总是存在于想象之中。天齐庙遗址发掘期间，新考古学尚未形成足够的冲击波，动植物考古未曾开展，浮选技术更未采用，大量并不属于传统考古学概念系统的资料信息，并未采集。可见，知识的增长并非机械积累。没有容器的知识，只是没有形态的一地鸡毛。

但客观知识可以塑造和变形。传统的或民族主义考古学决不会贬低自己的追求。地层线的模糊或中断，只是暂时的状态，当新一缕晨光从地平线照过来，通过价值观的消化和折射，势将潜入、延伸至遗址的各个角落，从而牢固地占据考古学的基本盘。

嘴唇能否再撇一点

Can the Lips be Curved a Bit More?

天齐庙考古记忆中，还有一些是碎散在空气中的齐鲁风土。

协助考古发掘的是当地的民工，每个学员配四个。记得民工日工资是两元，探方间来回穿梭的独轮车和一张张熟悉于电影、未曾有过变化的"老乡"脸，让人联想起可歌可泣的战争年代。泗水位于沂蒙山西麓，属于沂蒙小调的覆盖范围，但更具地域风情的是另一首民歌：

大辫子甩三甩，甩到了翠花崖。

娘啊娘啊，队伍要往哪开？

小妮子，你别哭，哭也是挡不住，队伍行军不兴带媳妇。

同志们把号喊，喊了个向右转。

走了！走了！别忘了小妹俺！

这是诞生于抗战时期的泗水民歌，唱的是重情重义泗水儿女的血性。任何时代，无论男权如何沉重，爱情的天平永远向女性倾斜。在残酷小似敌后战场的考古培训班里，青春的亮色也没有缺位。我的探方有个十八岁的姑娘，记得名字中有个"莲"字，听她同伴说，已经有婆家了。她没有甩三甩的辫子，但热情大胆，有一次抢我的军用水壶喝水，还给你惊心动魄的咧嘴一撇，让探方顿时失色。

三个月后，我们结束野外发掘阶段，挥别天齐庙遗址。培训地点转移到兖州考古基地，进入室内整理、考古类型学的培训阶段。田野发掘虽然艰苦，但毕竟还算热闹，室内整理则更加枯燥了。少女的一咧嘴，变成了各种撇、侈、敞、敛、凹、凸的令人生厌的陶器口沿。

类型学与地层学一起，被称作是传统考古学的基石。简单地说，类型学就是将一切具有形态特征的遗迹、遗物有序排队，这个序列代表着事物在时间中的变化。由于陶器的可塑性最强，最能与一个时代、一个人群的审美偏好、生活特点和文化承传相关系，形态也最为丰富，因此最受重视。准确排出陶器变化的逻辑序列，就能根据一件陶器或一个陶器组合判断它所属的年代和文化。这有点像生物学分类，只要确定动植物的科、属、种，它在生物界的位置就一目了然了。实际上，考古类型学本来就是受古生物分类学的启发而确立的。

类型学将器物分为类、型、式。类一般指直接名称化了的器物，如罐、釜、鼎、豆、盆、钵等；型是类的细分，如罐分为有器耳的A型罐、无器耳的B型罐；式是型在时间中的变化，如A型罐的口部从敞口向直口、敛口变化，就可定名为A型Ⅰ式罐、A型Ⅱ式罐、A型Ⅲ式罐。型与式的字面意思泾渭分明，但实际是容易混淆的，这就需要地层学所揭示的共存关系的强大支持。只有地层学才能提供器物存在的早晚关系，这是类型学研究的基础。

如果说碳-14测定技术确定的是绝对年代，地层学揭示的是相对年代，那么类型学获得的是比较年代。在年代测定技术没有广泛应用之前，类型学是建立史前文化年代序列的最重要方法。

苏秉琦的"区系类型"理论，语言系统的呈现方式是类型学的。苏公被称为中国类型学研究的传奇人物，尤其对陶器心有灵犀，他的斗鸡台瓦鬲研究被称为类型学的典范，坊间有他盲摸陶片的传说。培训班老师大都属于苏门弟子，自然对类型学的培训格外重视。

记得开学阶段有节讨论课。郑笑梅老师提出一个问题：器物的型、式划分，应该以遗址为单元，还是应该以一个文化区域为单元？一些学员认为后者比较合理，规律性呈现更清楚，更具学术性。郑老师认为还是要以遗址为单元，具体的解释忘记了。

应该说，类型学的真实效率，在遗址中的呈现是不平均的。遗址可能处在一个文化区的边缘位置，也有可能处在中心位置，典型性程度会有所差别，也就未必都能获得如斗鸡台瓦鬲一样的类型划分效果。有些遗址需要在区域参照系中找到对比启示，有些遗址则能够独立完成一个逻辑序列。遗址文化层的堆积速率和保存的完整与否差别很大，这些都可成为类型学研究的影响因子。

　　诚然，对培训班来说，学员首先需要掌握的是一套类型学研究的标准方法。学员整理的对象主要是本探方的资料，适当扩大至小组的发掘区域。我所在的小组是华东组，共享一个大房间。大家分头将各自探方的陶片按地层摊开来，在地面上用粉笔画成一格一格。将有打破关系的遗迹单位列为典型地层，从中寻找器物形态的演变规律。接下来，又将挑选出来的典型标本用米格纸和硫酸纸绘图、描图，最后编写出发掘报告。发掘报告是培训的最后考卷，功过成败，在此一举。

　　这是一个比田野发掘更为艰难的考核阶段。对陶器进行型、式划分，最大的困难是完整器少，只能通过口沿残片的特征去把握。虽然窥一斑可见全豹，但从科学的角度，全豹的分析价值当然非一斑可比。分子生物学出现后，猫科动物的分类就有过许多调整。更何况，单个或几个探方的资料不足以代表整个遗址，而老师的指导意见着眼于整个发掘区，具有普遍性，这往往会对实事求是的独立成果造成干扰。挑出来的标本，外在品质和内在逻辑往往难以兼顾。总之，以偏概全的不踏实感经常折磨着我追求"真善美"的脆弱心灵，这是一个痛苦的过程。

　　绘图和描图更像是一场超限战。在大约半个月的时间里，每天起码需要完成七十张以上的器物图。在后来的工作中，我聘用临时绘图技工，会不自觉以这个标准作要求，发现技工根本做不到，可见培训班紧张程度。我已经忘记了要求绘这么多的图的原因，应该也是能力培养的一个方面。不过图绘得漂亮，还是有欣赏价值，能够舒缓一下紧张的空气。有一次我写家书偷懒，将一张自觉很满意的绳纹陶鬲图寄给父亲，让对此完全陌生的父亲受到莫名惊吓，以为是"鸡毛信"，有什么深意义。

令人尴尬的是，绘图是对标本典型性的又一次考验。一些标本的型式特征，是我们学习苏公的办法"摸"出来的，这些特征很微妙，比如口微撇、唇微凹、颈微凸，微乎其微，在图上体现不出来。怎么办？陶片们又何曾体谅过我们的难处！这个时候，只有回过头去在陶片堆里不断地找呀找……

不堪回首的经历！但正是这样的煎熬，才逼出了我对考古学虽有偏颇又确确实实属于自己的一点点理解。几十年过去，也只有将莲姑娘那一咧嘴的俏皮作为岁月的底色，才有心情去感谢那段难堪的时光。

别了，裹着面泥的鱼

Farewell, Flour-coated Fish

一个行业总是有一个行业的自豪。国家文物局举办的领队培训班被业内称为"考古黄埔"，那么，我们这一届就是"黄埔四期"。还别说，当年在老师面前战战兢兢的学员们，后来一个一个都成了所长、院长，再不济也成了像我这样的专家、教授。

培训基地的大院子总是静悄悄的，偶尔也会传出歇斯底里的吼叫，那是准所长、准院长们在成"长"之前忍不住在发泄。当时热播电视剧《雪城》里的"天上有个太阳，地上有个月亮……"插曲，是扯着嗓子喊得最多的，中间还会夹杂几句京剧样板戏的西皮、二黄。

私底下我们称培训班为"集中营"，并不是说培训基地有高高的围墙、坚强的大锁，而是沉重的课业把大家牢牢禁锢在里头。头上悬挂的达摩克利斯之剑，就是一张结业证书。根据前三届的经验，本届二十四个学员中，应该要淘汰四个。野外阶段，已经走了一个。那么另外三个会是谁呢？聚餐的时候，班长老杨和几个资格比较老的学员，经常会留下来借着酒劲为全体同学说情，有人边喝边哭，希望老师高抬贵手，让大家都安然通过考核。老杨回宿舍跟大家描述喝酒场景，每每让一旁的我跟着感动。但实际上，我早已做好被淘汰之后的准备。这基于两点自觉：一是资历弱，1985届大学生在培训班学员中属于小字辈，工作历练确实有所欠缺；二是脸皮嫩，胆子不够壮，容易被无视。我的决定是，如果拿不到领队证，那就离开考古队伍。尽管目标不着边际，从即将到来的九十年代社会变迁看，运气好点，也有可能找到一份不亚于考古所的工作，悲壮一点，也就是被时代大潮拍死在沙滩上吧！

我是这样想的，也是这样做的。记得工作最紧张的时候，比如誊写发掘记录和撰写发掘报告的那些天，小组里几乎每个人都通宵达旦干的。写呀写，抄呀抄，当初挖这么多灰坑的恶劣后果终于显现。班长老杨也有几晚没睡觉，直熬得双眼发红。但我没熬过一个夜，有股破罐子破摔的狠劲。深层次的原因还是认识问题，比如灰坑，一个一个都是自己挖出来的，诞生过程历历在目，许多灰坑很勉强，现在非得煞有介事地把它的形状、深浅、成因、用途写出来，这等于是编造。编造一个两个还好，十个、几十个就折磨人了。这就好比底子差了许多的东施，以西施的标准给自己化妆，这种否定中的挣扎非常折磨人。身心拒绝了，非但难有动力熬夜，即使白天工作，也很难找到努力方向。

现在回过头去，当年对写记录的态度，既有值得肯定之处，也有需要反思的地方。从行业管理者或学科指导者的角度，田野考古必须制订一个标准，通过地层学、类型学的训练达到田野操作的规范化。但也因此造成一种错觉，似乎标准越高，被遗漏的遗迹越少，发掘水平就能随之提高了。考古发掘针对的是具有复杂变化的遗存对象，是一个整体，绝不是遗迹的简单相加。因此，规范化操作容易褪变为一种最低标准。以灰坑的多寡判断田野水平，只是极端的例子。考古的要义在于发现。亦步亦趋，教条主义，是科学的大敌。

如果以上说辞是为我当年拒绝熬夜写记录而强词夺理，那么，写记录的一种坏习惯，以及这种坏习惯所体现的非科学态度，在今天看来是需要认真检讨的。

我有舞文弄墨的爱好。与其他爱好者不同的是，我特别喜欢欧美文学中的长句子，确切地说，是喜欢以长句子为特征、被高级语文教师诟病的翻译腔。写发掘记录时，往往会不自觉地玩点文字花样，主观上是想避免千篇一律的重复，但多次送老师检查作业，都没有看到好脸色。有一次指导老师孔哲生说话了：你能否将文字写得顺溜一点？这句话，我花了许多年才真正领会。科学的记录不应该害怕枯燥，一是一，二是二，如果两个灰坑确实只有尺寸大小的差别，那就不要作更多变动，清清楚楚再抄一遍亦无妨，这才是客观庄重的文字。但在当时，老师的这一判词对我是深重一击，简直剥夺了我最后的尊严。地层学、类型学的实践差距，可归因为经验的不足，现在连文字都不合格，那真是天可怜见了！

　　说出来难为情，当时让我厌倦培训、想尽快逃离兖州基地的另一原因，居然是伙食。山东号称有八大菜系之一的鲁菜，但我所感受到的食物实在不敢恭维。1988年的中秋节，济宁市文化局领导带着月饼来天齐庙工地慰问，情深义重，但那月饼只能叫圆形面饼，硬邦邦的几乎没有料。即使在改革开放之前的物质贫乏时期，浙江山村也能看到拿在手里会往下掉粉渣的香甜苏月。两相对比，可能就是南北方的文化差别吧？来到兖州后，因有稳定的基地条件，伙食改善了，标志性的一道菜我叫它煎鱼裹面，一条约三两重的鱼，外涂面泥后在油里煎炸，至半松脆后捞起，听起来挺鲜美，但可能因为鱼肚子剖得不干净，腥气很重，我只能撕一些边皮吃，但难免会咬到里面，让人反胃，忍着吃了三个多月。这是唯一的荤菜，不吃就咽不下饭。八十年代生活习惯还比较保守，一般是给什么吃什么，都没有想过到外面哪怕买点榨菜来调节一下，就这么熬着。

　　说培训班是"集中营"的另一层意思，大约指的是围墙内外两重天了。有一天我偷偷踩着倒闸刹车的鲁式自行车到兖州城溜达，遇到兖州中学的学生队伍。在培训班结束的最后几天，风闻铁路交通可能会受到影响。原计划培训班解散后学员可以自行组织到泰山游玩参观，但多数同学放弃了这一机会。

我也选择直接回杭。

前一天吃了平生最后一顿基地大餐。大师傅还端出那盘裹面煎鱼否？或者没有。因为这是最后的晚餐，菜肴理当更丰盛，但我早已无心享用。

我要告别的不是兖州基地，不是裹面煎鱼，应该是考古吧？

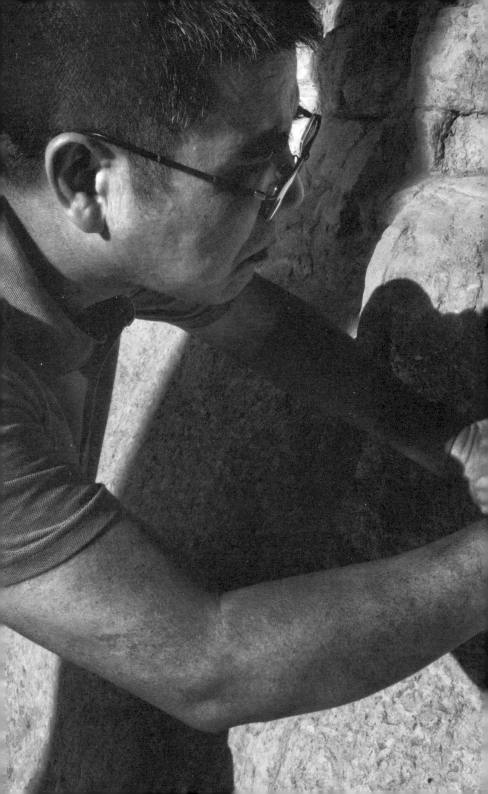

困惑的十年

————

THE CONFUSED 1990'S

走向田野

Going to the Field

1989 年 7 月中，刘军副所长安排我到奉化市（今浙江省宁波市奉化区）名山后遗址调查、探掘，这也是我进浙江考古所四年以来第一次独立进行田野考古。

显然，我没有出局，幸运地从国家文物局第四期领队培训班结业，获得了田野考古领队资格。

在奉化市文管会办公室汪仕定主任的带领下，我来到位于南渡乡名山后村的遗址现场。此前，在奉化博物馆的库房里看到了从遗址采集到的文物，对一组有良渚文化特征的穿孔石斧印象很深。这些器物就是眼前的土疙瘩里出土的了。这是一个砖瓦厂，经过多年的取土，原来的一个山前台地已经夷为平地。刘军副所长希望发掘这个遗址，但并不清楚遗址是否还存在。我的任务就是寻找遗址，确定其残留区域，并判断遗址的发掘价值。经汪主任接洽，我租住在名山后村邬姓村长家，三餐则安排在砖瓦厂的职工食堂。

名山后村成为我孤身做"田野"的第一个陌生的村子。这种孤身或与几个同伴一起寄宿于陌生村野的经历，在我后来漫长的考古生涯中不断重复，这是考古人不得不习惯的"田野"模式。

"田野"两字，在考古学或人类学、民族学、社会学的词典里，代表一种文化的原生态。田野调查，就是深入原生态，其中往往含有艰苦、科学探险和第一手资料等多重含义。大学的时候，听老师讲民族调查故事，亲历的或传说的，特别引人入胜，如果与食人族、猎头俗联系起来，更是惊心动魄。考古调查，也每每愿意听诸如兵匪拦截的惊险情节。但在二十世纪最后十来年，在史无前例的经济大潮的冲击下，中国田野考古几乎与浪漫绝缘，连文物的经济价值都还没有受到社会普遍关注，非要找几个词形容一番，最贴切的恐怕是"寂寞""枯燥"。

不算太坏的是，二十世纪八九十年代之交的中国，才刚从贫穷苦难的年代走出来不久，吃苦耐劳的品性，尚被社会珍视，尤其在老人的心中。

我头戴草帽、肩挎装着铲子、小锄头的背包，每天带着民工到地头刨土掘地，当时还能得到名山后村民夸赞。有位母亲就把比我略小几岁的儿子交给我，让我带着做工，教育他踏实生活。这样的情景，竟成了一个时代的绝唱。没过多少年，考古队能够招到的民工，大抵都是六十岁以上的老人，年轻人再也不屑来做这样的"苦力"了。

汪主任也多次向暴晒在大太阳下的我跷起大拇指,我认为汪主任是真诚的。我到过汪主任家,见到过他的一双儿女,年龄大约与我相仿,都彬彬有礼,教养很好。

汪主任是个风趣的人,每次到工地来看望我,都会一起到砖瓦厂食堂用餐,然后夸张地嚷嚷:"九菜一汤,九菜一汤!"他第一次在食堂吃的是韭菜和榨菜汤,所以经常这样开玩笑。我是农村出身,一菜一汤,已经满足,何况有时还是蛋花汤。只是食堂卫生条件比较差,汤里面总是淹着几个苍蝇,必须用筷子挑了才能喝。

名山后砖瓦厂是八十年代初开建的,是改革开放后最早的乡镇企业之一。穷乡僻壤,唯有厚土,砖瓦厂高高的烟囱是二十世纪八九十年代中国乡村的一大景观。砖瓦厂最容易破坏古遗址、古墓葬,也因此最有可能发现古遗址、古墓葬。但在当时,我对砖瓦厂的考古经验还是一片空白。

调查开始时,我将目光投向取土完成的区域,也就是取土坑的坑底位置。工厂经营多年,取土场已有数万平方米的面积,有几个操场那么大,已经成了砖瓦厂的生产区和晒坯场。场内能够采集到一些残石器和陶片,开始以为可能残留有遗址,但不久就发现,这里暴露的都是"生土",即使有古遗址分布,也早已被破坏殆尽!这才慢慢走上正途,围绕取土场边缘的断崖展开调查。

砖瓦厂西南边,即靠近名山一侧,剖面上发现了印纹陶堆积,其中一件是较完整的刻划网格纹的硬陶豆，但没有发现新石器文化层。作为河姆渡文化课题项目，这当然不能令人满意。经过一番周折，我最后将目光瞄准到砖瓦厂东北侧。这里已是名山后村的村庄边缘，紧靠名山后小学。此处断崖很深，铲除剖面上的杂草后，发现了几片镶嵌在土层中的夹砂陶片和泥质陶片。我大喜过望，立即进行试掘。

试掘的结果非常理想，文化层堆积近三米，发现了良渚文化和河姆渡文化晚期的丰厚遗存。奇怪的是，地层中间还有厚达一米多的黄褐色的坚硬土层，似乎经过夯筑，陶片十分稀少——这个谜团后来在正式发掘阶段得到破解。坚硬土层下又叠压着黑色的地层，黑土层中居然发现了一座长方形墓葬，随葬品有泥质灰陶圈足盘、小陶釜。从器物特征看，应该属于崧泽文化阶段。人骨架清理完成后，在名山后村引起了小小的轰动。探坑周围站满了人，大家议论纷纷，房东老奶奶看到骨架足端破散开来的陶器，作出"足踏莲花"的遗存分析，令我惊讶不已。另一位矮壮汉子估算骨架的长短后，提出古人比现代人更加高大的判断。

至此，近一个月的工作总算大功告成，为正式发掘打下了良好的基础。这是我独立完成的第一份考古成绩单。

是年9月，经国家文物局批准，浙江省文物考古研究所会同宁波市文物考古所、奉化市文物管理委员会对名山后遗址进行正式发掘，取得了丰硕的成果。我没有担任这次发掘的领队，但自始至终参加了遗址的发掘和资料整理工作。

名山后遗址的最重要的收获是发现了良渚文化遗存。良渚文化在钱塘江以南是否存在，学界一直有争议，名山后遗址给予了有力的回答。这是我第一次真正接触传说中的良渚文化器物。在我负责的探方中，具有典型良渚文化风格的鱼鳍形鼎足、T形鼎足，腹部装饰有弦纹、胎壁匀薄的盆形鼎，还有泥质黑皮陶的双鼻壶、竹节把豆，都有大量出土，当然大多都是残片。有一件黑皮陶豆的腹片上刻有细密的"鸟首蛇身"的蟠龙纹，是良渚文化"鼎、豆、壶"礼器组合中的典型纹饰，成为大家绘器物图时争相描摹的对象。最重要的发现是，一个遭到破坏的大型土台遗迹被清楚勾勒出来。试掘时已经注意到的坚硬夯土层，就是土台的一部分。这种土台，与杭嘉湖平原发现的良渚文化祭坛在功能上很可能是一致的，联系奉化博物馆看到的那一组穿孔石斧——应该改名为石钺，让人确信良渚文化势力在宁绍地区的存在。

遗憾的是，名山后遗址的考古报告，后来一直没有发表。当年考古队对发掘资料进行了扎实的整理研究，并安排了报告的编写，我承担了遗物部分的文字撰写工作，并如期交出了稿子，但从此石沉大海。

　　有研究者根据名山后遗址的发掘成果，提出了良渚文化名山后类型的概念。从论文思路看，主要是为宁绍地区的良渚文化正名，但这一概念本身，还是在强调宁绍地区的特殊性，笼罩在河姆渡后续文化的阴影中。太湖流域的良渚文化并没有划分明确的地区类型，那么名山后类型的含义又是什么？遗憾的是，由于遗址资料没有系统发表，深入的研讨无从谈起。

　　名山后遗址是我正式走向田野的第一站，也是我学以致用、系统检验领队培训班学习成果的处女地。因为这段认真的经历，奉化这个诞生了一位现代大人物的甬上名邑，在我的脑海里留下了深刻的记忆。

　　感谢淳朴热情的名山后村民，他们善待了一位前来做考古的青涩年轻人。

　　惦念著名的奉化水蜜桃、黄桃和黄桃罐头。一个，两个，或者半罐，这是村民经常能提供的也是最温暖的小礼物。

　　还有在那个炎炎夏日里陪伴我度过孤独时光的调皮的房东家的小儿子。

Tashan Memory

民间常常将考古与盗墓联系在一起，盗墓贼总让人又好奇又害怕，这可以从《盗墓笔记》《鬼吹灯》的叙述方式及受欢迎程度上体现出来。

与小说将盗墓背景设置在暗夜不同，考古是阳光下的活动。但也有例外。1990 年 12 月中旬的一个凌晨，三点光景，有两个人影潜入象山县丹城镇北的塔山脚下，借手电筒射过去的微弱光芒，只见山坡上排着白森森的人骨。

他们来做什么？想听惊悚传奇的读者要失望了：这是我和一位同事夜半起来检查考古工地的安全。

这年夏天，我结束名山后遗址的资料整理，来到象山发掘塔山遗址，正式开始了一辈子充当的主要角色——考古领队生涯。

塔山遗址位于宁波市象山县城丹城镇的北部，坐落在塔山南缘的缓坡地上。与名山后遗址不同，塔山遗址保存基本完好，地表大多被浅根系的农作物覆盖。一条从东谷湖通向梅溪方向的泥路，横穿遗址北侧。路边断坎上，可以看到暴露的文化层。之前刘军副所长委托宁波市文保所对遗址进行了试掘，这次发掘的位置，就选择在试掘坑所在区域。

发掘面积三百多平方米，分两批共布下了十四个探方。从头两月发掘结果看，塔山遗址几乎就是名山后遗址翻版。相比而言，马桥、商周遗存更丰厚，良渚遗存薄弱，河姆渡晚期遗存大致相当。总的说来，成果没能超过名山后。但这是象山半岛第一次发掘新石器时代遗址，证明河姆渡晚期文化和良渚文化的向南分布，也不能说没有收获。

眼见得发掘就要在提前到来的凛冽的寒风中平淡结束，一个重要发现在"生土"层中露头了。

所谓生土，是指没有经过人类扰动的原土。生土中怎么可能有发现？难道是恐龙化石？当然不是。实际上，生土容易误判，如果人类的扰动较小，土壤结构变动不大，数千年之后，就会形成与生土无甚差别的轻熟土——考古人习惯称之为次生土。在塔山遗址的最深处，就有这样一层次生土。次生土呈浅黄土色，纯净致密，反复铲刮后，已经确认别无遗物夹杂其中。只有几个零星的柱洞，像是眨巴的眼睛，似乎在向人间作最后的告别——按照常规，发掘一结束，遗址将被永久地保护性填埋，从此再难见到天日。

　　但就在掏挖最后一个柱洞时，一根人骨"悄悄地"伸出洞壁。

　　我大吃一惊，难道还有墓葬"躲藏"在生土中？

事实正是如此。不甘寂寞的古塔山人用自己的"努力",破除了生土迷魂阵,一座又一座的长方形墓坑终于被我们找了出来。最后累计墓葬数量达四十四座,这是宁绍地区迄今规模最大的河姆渡文化晚期墓葬群。

考古人对墓葬情有独钟。这诚然因为随葬品比较精美、完整,但更重要的是,墓葬考古的价值大。葬俗是社会生活的一个侧面,这种直接的反映方式,在普通遗存中很难获得。新石器时代人们大多采用族葬,不同族群的文化特征,能够从随葬品组合、墓葬的头向、尸体的处理方式等多个方面呈现出来,成为研究史前社会组织的最重要资料。

发掘表明,塔山墓葬的人骨架保存很好。随葬品有陶器、石器、玉器,大多放置在头部和足部,没发现棺椁,可能已经腐烂消失。从长方形竖穴土坑的大小宽窄看,存在棺椁的可能性不大。随葬品有可能是人为打碎的,如随葬于头侧的玉玦,常常破成两块,显然不是因为棺椁坍塌而压断,更可能是由于某种习俗。

从人骨架的摆放方式看，当时人的葬式主要是仰身直肢葬。但在绘制骨架图时，我们发现了一个有趣的现象：一些骨头的位置错乱了，被发现在极不合理的位置。比如，一具骨架的盆骨移位到了足端，另一具骨架的桡骨放在股骨的位置。为什么会出现这样的现象？

答案是二次葬。这些看似十分完整的人骨架，实际经过了人为的二次摆放。所谓二次葬，历史上流行于中国华南地区，就是人死安葬后，待血肉腐烂，再行二次安葬。从民族学及考古学资料看，二次葬经常表现为瓮棺葬、屈肢葬，未见有二次安葬时将骨架原样摆放的记录，这是塔山墓地的奇特现象。

整个墓地分为两个大的墓葬组别：一组头向偏东北，随葬品主要是绳纹陶釜，具有河姆渡文化特征；另一组头向偏东南，随葬品主要为陶豆，具有马家浜文化特征。不同族群共用一个墓地，反映了六千年前象山半岛人群构成的真实状态，这是这批墓葬最具史料价值的一个发现。

我们还邀请了体质人类学专家，观察测量发现：头骨有较长的颅；眼眶方圆而较小；鼻骨宽而平；梨状孔呈梨形，鼻前窝形，鼻前棘不显著；犬齿窝部发育，呈明显的突颌。这些特征似与已经发表的河姆渡人的特征数据相同。

塔山墓地的发现令人振奋。作为领队，我身上的责任也陡然加重。后半夜巡视工地，乃是职责所在。由于墓葬在短时间内不断清理出来，很多时候不能在当天完成观察、记录（拍照、绘图）工作，人骨架本身也需要保护，晚上只能在工地搭起简易房安排值班。

夜探墓地，确实有几分恐怖感。但塔山遗址的墓坑都很浅显，最深的一座也就五十厘米，结构简单，一目了然，没有黑魆魆的吞没感。文艺作品或民间传说中的盗墓，要经过复杂的墓道和地宫， 这种情节设置专门为营造恐怖气氛，大多来自对帝王墓的想象。若真的发现这样的大墓，发掘的危险性会很大，墓坑垮塌对于在里面专心工作的考古人员来说，往往猝不及防。实际上，考古过程中的死伤事件是发生过的。

危险并没有放过塔山遗址。一天，一位考古队员因事回家，正在发掘的一座墓葬就由我来帮助清理。这座墓葬刚好处在探方的隔梁下面。隔梁的高度有两米多，我蹲下来，就相当于蹲在两米多深的墓坑中。这时，隔壁探方一位民工小伙做出了危险动作，他冒失地将装满泥石的土箕往隔梁上一甩，土箕中一块半来斤重的带棱口的石头滚出土箕，滚出窄窄的隔梁，就这样直接砸在了我的后脑勺上。脑袋轰地一响，我并未倒下，血也流得不多，只感到天旋地转，最明显的感觉是，头上冒出如油一样的冷汗，在头发间哗哗流淌，清晰得似乎能够看到。后来我经常摸着自己的后脑勺分析，这次生死相距大约只在毫厘之间，石头刚好砸在脑角位置，如果往中间靠一点，也许人真的就"挂"了。当时旁边的人都惊呆了，那个冒失的小伙子吓得第二天不敢来上工，怕出现无法应付的局面。

这是我考古生涯中最危险的一次事故。如果非得要把考古、墓葬和恐怖联系起来，这也是最紧密的一次。

1991 年春节到来之前，我们完成了塔山遗址的发掘，我也以自己的方式完成了"领队"处女作。过程很简单。在我的观念中，考古队就是现代遗往远古的使者，永远跋涉于过往的时空，不食人间烟火。队员之间唯一重要的协作，就是停下来，一起找准继续前行的方向。

发掘期间，我还完成了一篇地层学的小论文。基本观点是：用"土色土质"划分"地层"，可能会"中断"实际延续的"生活面"（人类活动所在的层面）；可数的"地层"只是不可数"生活面"的一部分；所谓"遗迹不能出现于地层中间"及其田野证据，反映的是特定操作规范下的集体无意识。

这篇拙作可视为我在加入领队培训班以来对地层困惑的自我消解，也算是实践基础上对考古地层学认识的一种提升。我并没有否定"土质土色"之于地层划分的客观价值，只是一种理论性探讨。令人不解的是，写完之后我将手稿分享于人，得到的反应几乎可以用"不屑"来形容，更有直言这样的问题如果存在，也应该由北京的考古学大家去解决。这种对"真理权力"的等级划分，严重打击了我的考古热情。

显然，塔山遗址的发掘收获，未能消解不断堆积的困惑。伴随物质贫困和精神压迫的双重迷茫，令人焦虑的二十世纪九十年代悄然到来。

　　记得发掘结束后，象山县的一位宣传部长专程造访了我建立不久的位于杭州丝绸市场十五家园的新家。当时流行"文化搭台，经济唱戏"，他们为利用塔山遗址的学术资源而来。记得这位部长及其随员在寒舍坐了大半个小时，由于煤饼炉的故障，我连一杯白开水都未能烧出来。

　　学术的价值与现实的冷境，在那个下午形成令人尴尬的反差。

河姆渡会议

The Hemudu Meeting

1994 年 11 月，我参加了余姚召开的"河姆渡遗址发现二十周年学术讨论会"，这是我第一次参加学术会议。

这次会议的召开，除了纪念的目的，与宁绍地区考古工作的重新开展有密切的关系。从 1988 年开始，陆续发掘的遗址除了慈湖、名山后和塔山，还有宁波小东门、北仑沙溪遗址。作为这些遗址发掘的参与者之一，我有幸在会上作了学术报告。

我报告的题目是"宁绍地区河姆渡文化若干问题"，中心内容是试图论述河姆渡遗址前后两种文化类型在宁绍地区存在的不同意义。距今六千年前后，宁绍地区步入一个历史新阶段，重要事件是马家浜文化南迁和人口迅速增加。证据首先来自塔山墓地，塔山墓地两个墓葬分组中，一组的随葬品是具有河姆渡文化特征的绳纹陶釜，另一组是马家浜文化传统的喇叭形红陶豆，这证明了象山半岛是由两个族群共同开发的，这是宁绍平原史前史的一个缩影。

这是一个基于考古资料的客观判断。史学界都对东晋王室南 迁之于江南开发的重要性予以充分的关注，在我看来，这一大致沿着大运河——尽管是后来才出现的——这条线而展开的南北文化交流，在史前时代已经开始。令人惊讶的是，这些事件都起因于北方文化向南压迫。后来几年，我对此又做了一些补充论述。

我的基本观点是，被浙江考古界划分为两个系统的马家浜文化和河姆渡文化，本来是一对孪生兄弟，但因钱塘江之隔，河姆渡文化的亲缘特征慢慢偏向于东南沿海，马家浜文化则更多接受北方文化的影响。不管河姆渡稻作文化多么令人震惊，也毋论良渚文化到达怎样一个高峰，约从距今七千年开始，中国史前文化高地始终在黄河中下游，并逐渐向周边地带倾泻其势能。与马家浜文化牵连的北方线索，大致可追踪到山东半岛，其陶釜的筒形特征，三足陶鼎、陶器上的动物雕塑以及陶器的非绳纹特征，都可以从苏北、鲁中南一带的后李文化、北辛文化、顺山集文化中找到源头。在距今六千年前后，这股在江淮之间盘旋了千余年的北方势力，通过马家浜文化向钱塘江以南施压，从而改变了河姆渡文化的发展方向。为准确表述这一历史转折，我提议用"塔山文化"取代河姆渡三期文化的概念。遗憾的是，大家似乎对考古学文化融入具体历史的学术诉求缺乏兴趣和信心。确实，考古学诞生一个热点不容易，理应最大程度地消费它。

就我本人而言，提出"塔山文化"概念，心里也很惴惴。这种"标新立异"对不对？圈内人士对泛河姆渡文化概念的坚守，是否同时又是考古学本质的反映？考古学追求的上限在哪里？这些都成为我后来经常思索的问题。

从此次会议递交的论文看，也只有更具包容性的泛河姆渡文化，才配得上这一桌"满汉全席"。学者们的关注角度，包括神话传说、稻作农业、文化交往、族属探源、原始艺术、社会组织、原始历法、文明探源、古气候环境等多个方面。

在会议报告中，让我记忆犹新的是史树青先生的发言。他讲的是舜耕历山与河姆渡稻作文化，试图将考古成果放到二十四史的历史语境中去。尽管史老先生谦虚地表示不懂考古学，但考古学的历史（文献）情结在文史界中具有相当的普遍性。即使在考古学的诞生地欧洲，一开始也是试图揭开历史之谜，比如在小亚细亚寻找特洛伊古城。中国的夏商周断代工程，苦于找不到夏文字，至今深陷于无可救药的文献陷阱。但实际的情况可能是，考古学与历史学属于两套语言系统，相互印证既不是历史学的目标，也不是考古学的方向。相信凭史先生的学识，将余姚、河姆渡、舜迹作联系，也是姑妄言之。

我一边听史先生的演讲一边想，舜之所以到了浙东这个地方，大约与史先生今天到达余姚，是一个道理。中国"傍"名人的传统起自何时？原因何在？后来我参加了更多的地方性、带有政府色彩的学术会议，发现地位高、年纪大的考古学家到会，往往对会议的成功起到关键作用。这里存在学术与名望的微妙差别，从舜到余姚的例子看，名望、地位更重要。据《中华地名志》记载，与舜耕相关的历山地名在全国达二十多处。为什么会有如此多的历山？为什么会出现如此多的伪托？佛经中有菩萨"分身度化""分身遣化"一说，中国虽然没有诞生一神教，但人类的原始宗教情愫大约具有一致性。这种宗教分享现象集中在几位圣人身上，与菩萨分身应该是一个道理。中国没有真身塑像的传统，舜的具体形象谁也没有见过，但只要你愿意，"历山"到处都是。舜帝托身虚无缥缈的历山，大约就是上古中国被夭折的宗教传统的遗留吧？如果真是如此，位于四明山麓的河姆渡遗址定尊为舜耕之地，倒也是皈依道统！

学术会议的氛围总是和煦而温馨。考古学家从形而下的资料出发，探讨形而上的问题，这种智慧的碰撞和思考的愉悦大约只有在这样的场景中才能有切身感受。二十世纪九十年代的考古工作正受到经济大潮前所未有的冲击，思想难免会有动摇，这次学术会议让我真切感受到属于学术的独特荣誉感。会议期间，林华东先生主动提及我发表的一篇关于文明起源的小论文，给了我一种被关注的感动。在寒舍的小书房里，至今还摆放着这次会议的纪念品——一张用烤瓷特制的与会专家合照，朴实而精致。我居然穿了西装，在某些特定的场合，虔敬、端庄确实是对生命的一种尊重。

　　会议上我第一次见到了游修龄、严文明和陈文华等先生。严文明先生是中国史前考古学名家，后来对我的考古工作支持颇多。记得会议考察途中，我与严先生坐在一起。从窗外看宁波郊外河道向上凸起的涵管，严先生问我原因，我一时没能回答，他用探询而风趣的口吻说，应该是为了便于通过乌篷船吧？这正是江南水乡的风景！这样的景致大约引起了严先生无限的思考，二十多年后，我在严先生北京的家里，聆听他关于水稻的灌溉模式及相应的乡村组织在中华文明稳定发展中所起作用的思考。我想，与严先生的这一交流，大约在那天的考察途中就开始了吧？

Pondering the Books

　　说来奇怪，从读大学开始，我就有心做学问，但却很少能够啃读一本完整的学术著作。从头至尾读完的，记得只有赵光贤《西周社会制度辨析》、王仲荦《魏晋南北朝史》等有限几本。求知欲似乎并不缺乏，许多传说中的好书，甚至包括叔本华、尼采的哲学书籍，都会去图书馆借读或从书店买来，但无奈只能阅读有限的几个章节。这些好书总是让我感到，世界的某个真相就要被作者洞察，这让我战栗和焦躁，似乎危险的真理离我只有一步之遥。我很乐意拿这种焦躁感作为不读书的挡箭牌，但理智让我承认，这实际还是一种阅读障碍。

　　毕业工作之后，这种叶公好龙式的阅读习惯并没有改变。

　　浙江省文物考古研究所的办公地点靠近六公园，百米之外就到了西湖边。附近有杭州外文书店，骑车到官巷口那个杭州最大的新华书店也不算远。逛书店在当时是既时尚又休闲的活动，大抵报刊上一有好书发布，就往书店赶。如汤因比《历史研究》，这部名动一时的历史巨著当时不能说洛阳纸贵，但在杭州脱销几次是确实的。我是急火火地连续跑书店，差点要跑去上海，似乎迟买一天，书里的知识就会像水一样漏光。

终于买到，我如饥似渴地开读，但最终也是勉强读完了上册，算是大致了解了点汤因比对世界上二十一种文明的阐述，最大的收获是对"挑战与应战"这一文明生长模式有了一些认识——于是现炒现卖，在一篇论文的写作中运用了这一概念。前文明时代的考古学文化之间，难道没有冲突与碰撞？钱塘江一带能够成为东亚地区的文明发生区之一，就是因为位置处在南、北文化冲突、碰撞的东部界线上。这一来自汤因比的学术思想，始终占据着我对浙江史前文化理解的制高点。

真正让我脑洞大开的是《金枝》。《金枝》作者詹姆斯·弗雷泽是人类学的代表人物，大学里早闻其名。1990年前后，一家出版社出版了汪培基翻译的《金枝》，当时也引起一定程度的轰动，我在杭州外文书店购得此书。《金枝》揭示巫术与宗教的奥秘，同时描绘了一幅人类童年时代瑰丽而神秘的精神画卷。

弗雷泽将这一画卷天衣无缝地叠置在既熟悉又遥远的某个现实和记忆的世界里。或有读者觉得叙事中信手拈来的例证过多，那无非因为通向湖沼的丛林中有太多精灵的诱惑。没错，弗雷泽领我们跟着一个奴隶的逃亡之路去一个叫作内米湖的地方，那里有一座神庙，神庙里的祭司被称为"森林之王"。逃奴只要能够折取"森林之王"日夜守护的一棵树上的一节树枝，即"金枝"，就有资格与"森林之王"决斗，杀死他取而代之。

这个故事的结果是什么？很抱歉，我又没能读完这部让我一咏三叹的好书，因此并不知道答案。但根据叙述的方向，我大抵可作如此推测：这个称为"森林之王"的祭司，其能量依附于森林，或依附其中的一棵特殊的树，这是族人的信仰与安排。祭司承负着维护族人福祉的使命，享受族人的供奉，终身禁闭在森林中。这是个苦差使，只有更为健壮同时面临死亡威胁的逃奴愿意担任。折去树枝，象征生命力的转移，从而取代能量衰竭的旧祭司。以此重复，永佑族人。

我确信我的判断八九不离十，因为《金枝》最核心、最出彩的成果是揭示了相似率、接触率之于旧世界的组织作用。原始巫术根据这两个原则，建立了模仿巫术和接触巫术，统称交感巫术。弗雷泽认为，巫术思维是前科学时代关于事物联系的普遍的思想方法，是原始人试图驾驭自然力的一种企图。这种企图之心受挫折后，出现了以祈祷为主的宗教。近代科学的发明，人类终于找到了运用自然力的正确方法。这是弗雷泽对人类文化史的伟大揭示。

在原始人看来，相似率、接触率和牛顿的万有引力定律一样，恒定地作用于事物之间。有趣的例子如，人类的交媾行为，能够作用于农作物的丰收。同理，树木的茂盛，也能传导至族人的生命。这就是上面"森林之王"的寓意。有学者推测"森林之王"守护的树是橡树，我深表赞同。一是橡树坚韧，二是橡树籽实的多粒性意味着旺盛生命力。在实际运用中，为了加强效率，模仿巫术和接触巫术往往结合运用。

费雷泽对旧世界的这一洞察之所以成为原理，在于他透彻地解释了许多匪夷所思又习以为常的文化现象和社会现象。于是人们会心一笑，本能地接受了他的启示。

直到今天，巫术世界依然没有离我们远去。

我们在电影和小说中经常看到这样的情节：怨恨者将对方的毛发、生活用品当作身体或做成身体形状，加以残害，认为这样能够伤到对方。"文革"时有种奇怪的罪过，农妇为了取用方便，将缝衣针插在伟人画像上，被认为是一种远距离的攻击。可见即使在最"革命"的时代，依然不自觉地按照巫术思维行事。巫术文化的集散地是在中医药领域。中医的理论基础大抵源自巫术思维，诸如核桃补脑，黑色的植物治疗白发，红色的植物补血，均符合巫术相似律。蜈蚣、蝎子在抗肿瘤中的疏通抗毒作用，则具有接触巫术的影子。

对巫术思维的领悟让我如弗雷泽附身，迫不及待地想用这一原理去解释考古中的遗存现象。塔山遗址有一个崧泽阶段小墓地，墓地东侧有个红烧土墙的残房基，南侧空地的边缘又有几堆块石围成的石圆圈。我认为这一遗迹的布置掩藏着巫术的观念。具体的推导是：石圆圈是生殖的象征，这在世界民族志中可以找到证据；不少民族志材料不约而同地证明了葬礼中曾出现的交媾舞蹈，寓示死亡和再生；那么，红烧土房是祭祀的享堂，堂前与石圆圈之间的空地，就可能是举行舞蹈等活动的场所。因此塔山中层墓地及附属遗迹，呈现的是五千多年前巫术思维主导下人们祈祷氏族繁衍的一种观念形态。

河姆渡文化中有一件著名的"双鸟朝阳"象牙雕刻，一般学者认为其寓意是太阳崇拜，我则将其解读为"鸟卵生"图。牙雕上的圆圈纹，不是"太阳"，而是蛋卵。中国文化里没有真正出现过太阳神，作为儒文化核心的祖先崇拜源于生殖崇拜。鸟卵生图被庄重地镌刻在象牙等贵重物质上，成为崇拜的对象。作为核心元素的蛋卵，呈现为圆圈、重圈或旋圈等形式，勾画的是生命孕育的动态过程。最后演变成为著名的良渚神像——周身布满旋圈的人格化的生殖神。

认为动物生殖可作用于人类自身，属于模仿巫术，这在史前考古中例证很多。模仿的对象一般都具有两个基本属性，一是生殖方式最为人们熟悉，二是都属于多产多子。除了河姆渡、良渚文化的鸟，著名的还有马家窑文化的蛙。蝌蚪化为蛙和蛋卵孵为鸟，在东南、西北这两种考古学文化中，均被描绘成旋转的圆圈。这类图符虽然游离于中国文化核心圈之外，但与成熟于中原的太极图十分相似，可理解为易学阴阳观念的源头。由此看来，中国文化确乎是多元文化互相激荡所结下的果实。

老一辈考古学家郭宝钧有句名言："事实至于遗存，推断敬俟卓识。""卓识"可能存在于没看完的好书的后半部，我的推断难免虚妄。但如果"道生一，一生二，二生三，三生万物"的东方智慧靠谱，又何为"半"、何为"全"呢？

只是，郭老先生的"推断"两字令人生疑，考古学因何只是一种推断？

考古学是什么

What is Archaeology?

　　郭宝钧"事实至于遗存，推断敬俟卓识"句，可谓道尽考古学个中妙趣。"卓识"与"推断"的背后，掩藏着"事实"和"遗存"的真谛。

　　历史学素有"史""论"之争，前者重史料，后者重观点。钱钟书"积小以明大，而举大以贯小；推末以至本，而又推本以穷末"，与郭老所言相若，大体说的都是"史与论"或"史与识"的关系。但西方视野中的"史论"，远远超越了中国传统的经学义理。进化论颠覆了《圣经》所虚设的神的世界，将宇宙纳入自然史的范畴，这大约是近二百年来最大的"论"。考古学把人的史迹追踪到创世纪之前，成为助进化论制衡上帝的有力证词，可视之为最大的"史"。

　　中国没有诞生考古学。考古学源自进化观，源自历史进步的潜意识，当历史只留下皇帝年号，时序无非朝代更替，古物必定只适合于观玩。黑格尔说中国没有历史，大致就是这个意思。

随着近代西方科学的引入，也随着历史意识的觉醒，考古学来到了中国。那么，考古学在中国的发展如何呢？

从董作宾、李济等发掘殷墟算起，中国考古学走过了一段不算长也不算短的历程。资料积累无数，除了甲骨文，要数秦始皇兵马俑最为著名。但中国考古学始终无法褪去"修国史"的底色，与西方考古学相争于上帝的进步意识相比，有所不逮。张光直先生曾作这样推测：假若李济等发掘的第一个遗址不是殷墟，中国考古学或许会走出别样的道路。但实际上，非但选择殷墟是注定的，即使当初发掘的是史前仰韶，只要发掘者还是这些人，观念形态不会有多大变化。重要的观察标本是苏秉琦。

苏秉琦是上一代考古人中最亲近田野并试图与文献保持距离的考古学家，对创立中国考古学贡献卓著，其区系类型理论是"以物论史"的典范。但从苏秉琦由宝鸡斗鸡台开始的学术轨迹看，考古类型学之于他更宜看作是一种新学旧用，学术的重点还是变化与贯通。按苏公自己的说法，就是要用考古资料重建中国古史。可贵的是苏氏具哲学视野，在中国考古界，他恐怕是第一个将器物视为一种有意义的符号而与文字画上等号的人。读器物如读文字，也成为苏公的经典画像。他探源中国文明，并没有纠缠文明的具体定义，这种对于中国古史的考古学贯通方式，正是苏氏学术的鲜明特色。

从这一角度，俞伟超、张忠培在二十世纪九十年代初的考古学之争，不妨看作新学、旧学在新的历史背景下的继续纠缠。张代表的是在对西方传统考古学消化吸收基础上有所创造的中国立场，而俞则代表一种朦胧、生涩又崭新的思想趋向。从自我完善的角度看，俞比不上张，但俞所代表的新方向的意义，已在随后二十多年的考古实践中得到证明。但也不难看到，西方新考古学的理论因子来自人类学多标本多目标的观察，着眼于人类行为模式的解读，与整体、宏观的传统史学观念存在诸多差距。这种理论解构的碎片化所导致的考古学纯洁性丧失，同样也困扰着西方考古学。这种困扰隐含着对考古学方向的迷茫。

宾福德是新考古学的代表性人物，他的后期思想就出现了怀疑论的端倪，他感到"我们的关于过去的知识，对推理而非直接观察的过分依赖已使我们学科的范式（用于描述的概念系统）和理论（用于解释的概念系统）含混不清，也使观察与解释含混不分，它们共同置身于人工复原起来的关系中，因而导致了某些结论的荒谬性"。宾福德担忧的实际就是"史"与"论"的悖谬。在新考古学理论指导下，依靠日新月异科技手段，考古学气象一新，但考古资料分布的不平衡，或资料的指向性过于狭隘，往往使"论"难得圆满。"史"的独立性，每每让"论"陷入左支右绌、捉襟见肘的尴尬。

张忠培在坚守传统考古学的过程中，实际也遇到了宾福德同样的问题。从本质上来说，地层学和类型学属于史料学的范畴。地层学、类型学之所以在二十世纪八九十年代被提升到新的高度，原因在于区系类型理论最大限度地释放了考古资料的能量，让考古资料摆脱了混沌的堆积状态，"史料"意义的生长找到了更肥沃的土壤。这就是理论的价值。但张忠培先生显然过于乐观了，事实证明，资料的存在是多维度的，区系理论能够驱使地层学和类型学将遗存关系的阐释发挥到极致，但无法催动诸如微痕研究、残留物分析、动植物考古、实验考古以及年代分析等资料领域的开拓。从考古学的发展现状看，正是新考古学让遗址的信息量倍增，从而改变了中国考古学的基本面貌。

在懵懂状态下试图理解上述问题，大约花去了我整整十年时间。以这样的"自圆其说"为基础，我大胆提出了"实物是考古学的前提与目的"这一论断。中心观点是，考古学具有增生史料的内在特质，这不同于受文献限制的历史学。在考古资料必然增加的预期下，贸然立论或匆忙建立解释系统，不符合考古学的本质。诚然，资料的发掘需要方法论的指导，而方法论又受到目的论的加持。但考古资料的本质是独立的，它最终的解释权，属于最成熟、最完善，也是最后的理论体系。只是这一刻，似乎永远不会到来。

我把"实物"定义为具体的器物，因为只有器物才是客观确定的。这些客观要素包括它的形态、质地、纹饰、地域、年代，除此之外的一切附会都是非考古学的。当我们用实物见证历史、复原历史或解释文化、推演人类行为时，其真实的意义恰好相反，我们是用历史的角度、文化的角度、人类行为的角度阐释实物的内涵与价值。我们说甲骨文的发现印证了《史记》中的殷王世系，这是对历史学而言，但在考古学的意义上，殷王世系恰恰成为证明甲骨文价值的资料。这里的甲骨文，指的是刚从泥土中翻出的，或者静静躺在博物馆里，刻着象形文字，在久远的年代里微透着幽邃光芒的动物甲骨。从考古学的角度，古埃及的历史永远不是文字的推演，而是金字塔、木乃伊和镌刻、描绘神秘图案的石碑陶器。

现在回过头来看，将"实物"局限于一件件的器物略显保守，应该修正为"确定之物"。一切具有客观属性的遗存、遗物及其相互关系，均可纳入"实物"范畴，而对这种客观属性的揭示、描述，正是考古学的努力方向。

　　这一论断的全部依据或许在于，考古学发现的古代世界永远是一个象征的世界。这个世界的核心依据就是实物遗存，因为它是一个"真实"的存在。考古学的附属使命在于不断强化这一象征世界的现代意义，一切新理论、新思潮、新方法、新成果，都是构架在现代与古代世界之间的桥梁。这桥梁是人类寻找自我、完善自我、超越自我之路的必然延伸。

我的这一观点在《中国文物报》发表后，引起了一定的反响。世纪之交，确实是最适合提问"考古学是什么"的年代。哪怕某位冒牌学者不惧"肤浅"之讥回答问题，大概总会受到年轻考古从业者的欢迎。因为他们正面临着前途的抉择：是坚守考古，还是勇敢跳槽？这听起来有些可笑，但事实正是如此。起码我这样的犹豫不决者，正迫切寻找着考古学的无聊、浅薄之处，以便给出一个果断遗弃它的理由。

但我终于没能获得现成答案。俞伟超先生的《考古学是什么》以及张承志为老师所作的序文，亦未能使我开悟。怎么办？唯有靠自己，通过不断阅读和思考趋近或疏离考古学。国外考古学的译作在阅读书单中占据较重分量，其中又以理论性的文章为主。但不知是翻译问题还是中西方思维的逻辑差异，这些译作让我一知半解的地方太多，常常需要通过似是而非的领会补充文意。丹尼尔著、黄其煦译的《考古学一百五十年》让我受益良多。

这种纯粹是为了解救自己的思考，难免失之偏颇，但确实在很大程度上疏通了我的思想。或者说，通过主观的塑造，我结识了属于自己的考古学。这样的思考，让我走出了大学以来不切实际求大贪高的思维胡同，开始心无旁骛地将资料的发掘作为求学之本，从而专心致志于田野。对于读书少、学术积累有限的我来说，这不失为一条正确的道路。

浦阳江畔
———

潮起楼家桥

The Excavation of Loujiaqiao

截至 1996 年，我的考古对象一直是河姆渡文化。多年间马不停蹄往宁波方向跑。做过田野调查与发掘的地方，有奉化、象山、慈城、北仑、余姚等地，跑得最多的还是象山。当年交通条件远不如今，从杭州城站坐火车四小时，在宁波南站排长队买到汽车票，转车间隙吃碗宁波汤圆或炒年糕，到象山约三个半小时：朝发暮至，是满满一天的行程。后来随着铁路提速和高速公路开通，旅途时间缩短了一半多，我却已掉头转了方向，很少再去这些地方了。

我跳出宁波地区，有三个契机。一是因考古室主任陈元甫先生的安排，我开始负责杭金衢高速公路建设沿线考古调查，这是工作的机遇；二是塔山遗址发掘后，我对宁绍和杭嘉湖地区的新石器文化有了自己的认识，因此迫切想了解这两个区域之外的新石器文化面貌，这是探索的机遇；三是在这次调查中恰逢诸暨楼家桥遗址，这是发现的机遇。

　　杭金衢高速公路沿线的调查工作，是从 1996 年 3 月开始的。我们从远到近，由衢县（今衢州市衢江区）往杭州方向走。怀揣建设部门提供的工程图纸，循着已经打下的路基桩标，经龙游、义乌、浦江、诸暨，一路走来，发现了十多处汉六朝至唐宋时期的古墓群和一二处商周印纹陶遗址，但就是没发现我感兴趣的新石器时代遗址。

　　1996 年 6 月上旬，我们抵达萧山。配合我们调查的是萧山文管会办公室的倪秉章先生，调查的第一站是浦阳镇。当我们来到萧山、诸暨边界的桃源乡时，倪先生突然想起多年前在这一带出土过陶片，凭着朦胧的记忆，他领着我们偏离高速公路的设计路线，跨过浦阳江的江堤，来到一片没被垦种的滩地。我一眼看见远处有一堆新土，跑过去一看，发现有半截陶鼎足和几片夹砂陶片躺在泥土里，且具有河姆渡文化特征，这证明这里存在新石器时代遗址。我大喜过望，赶忙跑到远处向庄稼地里的村民询问，方知这里是楼家桥村。

　　令人惊讶的是，楼家桥村属浙江省诸暨市次坞镇。我们先前在诸暨段调查时，已到过楼家桥村，但没有发现遗址。这一方面因为遗址位置偏离了路线，另一方面也说明考古发现受制于许多偶然因素，只凭简单的调查手段，漏过的可能性总是存在。倪秉章先生也没有想到他跨出了萧山地界，甚至可能此处根本不是他记忆中的遗址点。就这样阴差阳错，二进楼家桥，似乎这个遗址注定要被我们发现。

诡异的事情不止于此。我清晰记得，这堆新土的位置是在一片草滩的中部，不知是谁、由什么原因，掘开了土、带出了陶片。但两年半后我们正式进点发掘时，发现草滩的表层是厚厚的青淤泥，几锄头下去根本挖不出陶片来。难道是记忆出了问题？这层青淤泥的分布面积不小，我们换了好几条探沟，都没有找到理想的文化层。那么那半截鼎足和几片陶片是怎么回事？难道是冥冥之中专门来引荐遗址的神灵所为？

有时我真是这么想的。因为没有楼家桥遗址，就不会有后来的浦阳江流域考古调查；没有浦阳江流域的考古调查，跨湖桥、上山遗址也很可能是另一种命运了！我清楚记得，那几天老倪在前头带路，每到一个有文物记忆的地点，他都会停下来，向我们介绍有关信息，然后分散开来调查。但这一次他没有这样做，嘴里嘟囔着什么，以一种看似模糊实则清晰的神情，从岔道径直走出既定路线，然后由我准确地看见新土里的陶片，过程很直接，似有一股连贯的力量在推动。遗址找到后，倪先生的脸上还是一副茫然的表情，似乎并不是由他带到了遗址。

从后来的发现看，看似没有联系却像谜一样呈现在一起的陶片和青淤泥，更像是楼家桥遗址的一种神秘指示，它让我真正认识了浦阳江，并通过浦阳江认识了钱塘江。

1999年3月，考古队进驻楼家桥村，开始实施正式的考古发掘。我们租住在楼家桥村支部书记的妹夫家。这是我第一次到诸暨做考古，乡音的亲切感和尚未散去的春节气氛，让我有一种到亲戚家做客的恍惚感觉。但始料不及的是，遗址让我吃了闭门羹。

那天在房东家落脚甫定，我便前往遗址察看，但现场状况让人大吃一惊：

只见遗址所在的那片草滩地成了泽国一片，完全淹没在水中央，根本无从发掘。怎么回事？难道是几天连续下雨的缘故？如此高的水位，需要多长时间才能降下去？即使积水退去，下一场雨又积起来怎么办？

这彻底打乱了我的发掘计划。按照常规，考古队可以打道回府了，但这玩笑就开大了！我不死心，在作了一番地形判断后，决定在草滩地西边的高地另行试掘。这里是一片种植桑树的山前阶地，高出草滩地一米多，水浸程度较轻，消退也较快。与村干部协商后，我们作了适当的青苗赔偿，在桑园地南侧砍掉了几株桑树，布下一条二米乘九米的探沟。

在这条探沟的试掘过程中，通过慢慢观察，我终于听懂了村民的补充介绍，才搞明白遗址所在位置的水文环境。

原来，草滩地东南部有一条叫诸萧河的小溪，是凰桐江的支流。

凰桐江通向浦阳江，浦阳江又通向钱塘江。故此，百余千米之外的钱江潮，便可沿着浦阳江、凰桐江，一直上溯到诸萧河，并在草滩位置形成晨昏两小潮、朔望两大潮的潮涌规律。这片草滩唤作十八亩头，听起来像是农田区，但实际上完全不能垦种。之前我两次到现场，都恰逢低潮期，草滩地完全裸露，而这回真要发掘了，遗址终于露出了"狰狞"面目，给我一记当头棒喝。

从结果看，作为权宜之计的桑树地试掘，纠正了原初对遗址分布的认识，因为此处发现的文化层最为丰厚。楼家桥遗址属于山前遗址类型，西侧有座叫作庙后山的低矮小山，桑园地即位于山前的缓坡，这里才是遗址的中心地带。遗址向东部草滩地延伸，但逐渐边缘化。愈往东，文化层堆积愈薄，叠压在文化层之上的青淤泥愈厚。这层青淤泥，记录的正是十八亩头被潮水控制的最晚一段历史。

后来，我们在遗址的深处，又发现有一层淤泥层。这层淤泥更纯净，呈淡青色，并带有细微的层理，经过分析检测，淤泥含有海洋硅藻成分，这正是六千年前潮水到达遗址区的证据。这次潮水中断了当时人的居住，古楼家桥人被迫迁徙他处，待潮水退却后，才迁回旧地。从地层记录看，此后的低潮状态延续了数千年。一直到近现代，又一个高潮位的轮回到来，此处再度被潮水长期控制，十八亩头一度成为血吸虫的滋生地。就在我们发掘期间，当地村民还延续着捡拾钉螺的习惯，尽管血吸虫病已经消灭多年了！

　　楼家桥遗址是人与环境在矛盾、适应中延续发展的历史见证。自古以来，人类选择居住地，总是与水源保持适当的距离。浦阳江流域受潮水影响，水源比其他地区充沛，但又易遭到水患，呈现一种相反相成的造化之力。对水的依存和治理，是农业社会的构造之本，洪水传说也因此成为人类文明史中最深刻、最具普世性的记忆。西方的挪亚方舟，东方的大禹治水，莫不反映共同的历史背景。后来浦阳江流域发现跨湖桥、上山两个文化遗址，成为窥探东亚稻作文明的重要窗口，绝非偶然。

钱江潮引发的巨大势能，上溯到小小的诸萧河，才第一次给了我震撼性的启示。从我的考古生涯来说，楼家桥遗址是一个新的开端。后来我顺流而下抢救被海潮吞没的跨湖桥遗址，又溯源而上发掘潮水够不着的上山遗址，似乎都是为了推演浦阳江预设的历史逻辑。

回过头来想，楼家桥遗址的潮汛，正是即将开始的一段考古史的序曲。

虚有的"龙"

A Dragon Illusion

楼家桥遗址从1999年春天开始发掘，直到2000年7月结束。

正如发掘伊始所判断的那样，楼家桥遗址的新石器遗存最为丰富。经碳-14年代测定，早期年代距今约六千五百年。

早期遗存大致可归入河姆渡文化，但陶器群具有鲜明的地域特色，尤以鼎的特征最为鲜明。一般认为，鼎由釜发展而来，釜底安上三足，就成了鼎。河姆渡文化和马家浜文化的早期只有釜，没有鼎。约在六千二百年前，鼎始见于太湖地区的马家浜文化，稍晚又见于钱塘江以南的河姆渡晚期文化，呈一种由北向南的演进分布趋势。马家浜、河姆渡晚期文化陶鼎足多为双目式，是浙江新石器时代陶器谱系链中的标型器。但楼家桥陶鼎显然背离了这一谱系：六千五百年的测年，早于马家浜文化陶鼎；鼎足外侧饰一条竖向脊棱，又不同于双目式鼎足。

如果放到二十世纪八十年代，楼家桥遗址必定会引起考古界的更多关注，但遗憾的是，到了二十世纪末年，中国考古学热点悄悄地发生了变化。这在塔山文化概念受冷遇上，已经有所反映。楼家桥遗址又晚了几年，更是遭到了无视。在某种意义上，苏秉琦区系理论的大成之作《中国文明起源新探》的出版，标志着中国新石器时代基础研究告一段落。自此，中国考古学似乎找到了确定的认知框架，预备书写中国文明起源的大题目了，小打小闹的边缘性成果，已经吸引不了主流考古界的眼球。

但这并不能消除楼家桥遗址带来的疑问。在既有的浙江史前文化版图中，钱塘江的地理意义总是被刻意强调，出发点是为了更好地捋清一南一北两个区域各自独立的文化序列，但若区域内文化面貌尚未被完全掌握，而匆忙"划江而治"、寻求简单化的谱系分割，则不但偏离实际，还可能会妨碍历史的完整构建。

河姆渡遗址的"鸟卵生"图符母题及其构造元素，与良渚神人鸟像图符，存在明显的继承关系，许多学者都注意到这一现象，但难以深入说透，可能就因为中间隔了一条钱塘江。

严格说来，钱塘江所指仅为浦阳江与富春江汇合后的"之江"一段，至多延及杭州湾；上游新安江、衢江两大支系，出自浙西山区，很难清晰地进行江南江北的划分。楼家桥遗址的地理位置在"之江"南岸西侧，勉强可纳入河姆渡文化的分布区。

楼家桥遗址早期的测年数据居然达到距今六千五百年，数据可信吗？测年样品是两个木块，其中一个属于生长期较短的小树枝，偏差应该不会太大。何况类型学、地层学提供了辅助证明。类型学证据是几件绳纹有脊釜，特征与河姆渡早期陶釜非常相似；地层学证据是潮水淤积形成的间歇层，这个间歇层中断了遗址，之上相当于河姆渡二层，之下相当于河姆渡三层，符合递变逻辑。但年代一旦确认，新问题随之而来：下文化层中，出土了一种泥质红陶喇叭形豆，一般认为是马家浜文化典型器，虽未见外红内黑的特征，但泥质红陶、喇叭形圈足比较典型，难道它是马家浜文化陶豆的祖型？若果真如此，马家浜文化的成因，就要更多地考虑来自南边的因素，这将进一步动摇钱塘江在浙江史前文化地理分野中的地位。

钱塘江南北史前文化统一性的意义必须获得足够重视——这大概是楼家桥遗址最有价值的启示。一个值得关注的现象是，马家浜文化、河姆渡文化，也包括楼家桥文化类型，陶器中的动物纹饰十分流行。这种动物纹饰并非从来就有，在跨湖桥、上山文化阶段，原始艺术的摹写对象是无生命的自然物，包括太阳、水波和各种几何线条，完全不见动植物图案。这是一个有趣的区域文化演进现象，所体现的正是文化发展的阶段性和统一性。我将其理解为中国东南沿海地区史前生命意识的觉醒过程。

在楼家桥遗址中，陶器的动物装饰采用堆塑和刻划两种形式，除了人头之外，以猴头、蜥蜴为最多，还有猫头、兔头。当初我们没有动物考古学知识，只是通过简单的造型特征进行辨识。六千年前是否有兔子？至今我也未曾弄清楚。但猴头陶塑的大量出现，不同于河姆渡文化，也不同于马家浜文化。

最为特殊的是，在两块圈足盘的残腹片上，发现了一种奇怪的动物刻划图案，根据所存躯体线条的连续性，可作完整复原：头似兽、圆睛、长角（耳）、突吻大嘴，躯干似爬行动物，长身、四足、曳尾，作腾跃状，线条流畅，栩栩如生。

这一陶刻图案，引出了考古队内部的纷纷讨论。这是一种什么动物？头部大，且有明显的角或耳朵，躯干细长，尾巴与躯体像爬行动物一样连成一线，很像是两类动物的复合体。那就不是一般的动物了，稍作联想，就会联系到"龙"。龙被认为是一种不存在的神兽，由马头、蛇身、鹿角、鹰爪、鱼鳞等多种动物元素构成。循着这一思路，最早的龙，构造元素是否可能更简单些，只是由两种动物合成？

那么，楼家桥的这一图像真的是"龙"吗？

龙是一种神化的动物，并被不断的神化，与神权、皇权发生特殊的联系。考古发现中，非常重视"龙"的共存背景，一般总是与等级化的遗存现象联系起来，暗示遗物主人所处的较高阶层。稍早几年，河南濮阳西水坡仰韶文化墓葬发现了神秘遗迹，墓主人的两侧用蚌壳镶铺成"左龙右虎"，并出土绿松石等高等级随葬品，象征墓主人的地位。红山文化的猪龙如果不是刻在贵重的玉器上，陶寺遗址的龙盘如果不与尧都禹迹联系在一起，那还会是"龙"吗？楼家桥遗址显然不存在社会大分化的历史背景，尽管我们也想将那件圈足盘理解为祭器，而不是实用器，但证据依然不够充分。

但龙的起源果真如此神秘？未必。龙的观念很可能属于民间意识。这一认识，源自我对史前时代生命崇拜或生殖崇拜的个人理解。现实中不存在复合的动物，但复合的动物具备复合（倍增）的生命力，这一观念，大概在原始人群中确是存在的。这一观念被熔铸到原始艺术中，最著名的例子是良渚神像。良渚神像的构造中不止一个生命体，除了鸟及蛋卵元素外，上部有个人脸，下部辨识为虎形，结合起来被理解为神人骑兽，但我坚持认为这是多种生命体的复合形态。神话人物刑天，被砍了头后，依然能够舞动干戚不止，就是因为脐部另有一个头，成为不死的战神，属于同一种"神"逻辑。

如果动物复合模式，确实是"龙"体构成的一种解释方向，那么将楼家桥的这件动物图案认作龙，并非没有道理。

1999年末，我给《中国文物报》写一篇楼家桥遗址的考古简讯，吃不准是否应该提到这条"龙"。后来在一位技工的鼓励下，我斗胆拟出"浙江发现六千年前的'龙'"这样一个醒目标题。可能因为即将到来的2000年，刚好是农历庚辰龙年，《中国文物报》刊发这篇考古简讯时，并没有改动标题。

技工当时的用意，是让我制造点轰动效应，有那么一点博取虚名的意思。当时虽然没有电脑和网络，但电视、报纸正大普及，圈内已经有了借媒体传播提升考古成果影响力的意识。对于我来说，最大的收获是摸了一下"龙"须，掂量了一下学术的分量，幸运的是，至今平安无事。

自由的乐趣

The Joy of Freedom

皓首穷经，是学问的境界，也是学问的无奈。传统史学要独辟蹊径，难。小如地方史，想从史籍中爬梳出一点新东西，给方志增加点内容，也是极不容易。但对于考古学来说，则似乎轻而易举。这不？新编《诸暨市志》，楼家桥遗址或将成为醒目的开篇。

考古人书写历史的自豪感是自在和由衷的。有句话通俗易懂：一部人类历史，百分之九十九是由考古学写就。具体算法可举中国为例，距今四千年的夏王朝可算作有文献记载的最早信史开端，与百万年前的元谋猿人相比，所溯及的历史时长，占比还不是后者的百分之一不到？对于无限追求精神生活的人类而言，时间无疑是生存空间的重要一维。推开历史的窗口向远古凝视，恰如登上礁石眺望无垠大海，那是思想放飞所需要的空间。从追求自由的角度看，考古也是一首歌。

这种冲决释放的激情，正是 2000 年秋冬之际，我在浦阳江堤上来回奔波时的感受。

楼家桥遗址发掘结束后，我提出了浦阳江流域考古调查的设想，理由来自跨湖桥遗址和楼家桥遗址的比较。跨湖桥遗址位于浦阳江与钱塘江交汇的湘湖之地，距楼家桥遗址约二十五千米。如此狭窄的流域范围之内出现两个截然不同的遗址，时空一下子被打开了。

从二十世纪九十年代的某一时刻开始，流域考古的概念悄然流行。确实，一条河流就是一部历史。子在川上曰："逝者如斯夫，不舍昼夜！"这与其说是感叹时间，毋宁是在感叹生生不息的两岸土地。人生代代无穷已，江月年年只相似。月落乌出中，到底过去了多少辈人？对此诗人只能作无谓的感喟，考古人则有能力给出真切答案。不是吗？在江流回旋的沉积处，在草木根系的缱绻处，在一抔黄土的深埋处，人类顽强地记录着自己的历史。河流散漫的水脉图谱，恰似生命轨迹的无穷延展。流域考古，是一个族群的寻根之旅。

浦阳江发源于浙江省金华市浦江县花桥乡天灵岩，自西南向东北流经诸暨，至萧山闻堰南侧小砾山注入钱塘江。历史上浦阳江独立入海，因称"吴越三江"之一。三江者，《吴越春秋》记为"浙江、浦江（浦阳江）、剡江"，《国语》韦昭注为"松江、浙江、浦江"。

浦阳江是越族的发源地。当我作为考古人第一次踏上浦阳江堤，协同调查的一位诸暨文物干部就向我指画一处叫作埠中的地方，称那里就是越国古都。我后来慢慢意识到，这是一种深刻的乡土恋情。这种乡土情怀通过史籍承传，又演为一种文字情结。

埤中其实是一个消失的地名,古本《吴越春秋》有"越王都埤中,在诸暨"句,谁也不知道埤中在何处。但在读书人的眼里,埤中即是诸暨历史的荣耀开端,希望通过考古去证实。但乡贤们若知《史记·夏本纪》中的夏都,至今学术界尚聚讼纷纷、莫衷一是,或许也会知难而退?

我对埤中表示由衷的敬意,但我深知考古与文献的距离,更深信历史可以有另类的书写方式。对于普通人而言,这种另类书写暂时只能懵懂领悟于博物馆的文物陈列,考古人则已经将碎片化了的坛坛罐罐视为在时空中跳跃的叙事音符。此时此刻的我,所需要的委实不是埤中这个虚设地名,而是供我自由驰骋的浦阳江向远处分汊延伸的无尽土地。

这种自由感以一种全新的工作方式体现出来。

说来也简单。考古调查队共有五人组成,工作流程是,我与诸暨、浦江、萧山三地的文物干部联系,初拟出调查路线。首先要调查的是已知的遗址点。在过去的几十年中,这些遗址点出土过石器等文物,记录在博物馆的档案资料中。我们通过档案中的地名或文物上缴人的姓名,顺藤摸瓜找到遗址位置,通过踏勘,判断遗址保存情况。对于保存情况不错的遗址,需要落实临时食宿的农家,确定具体的工作方案,然后安排调查队员进点勘探。

调查总是在不同的遗址点同时进行,我在各个遗址点来回穿梭,主要交通工具是三卡——一种由三轮"摩的"改装而成的轻便机动车。干线公路上则是招手即停的长途客车。有时好不容易招停一辆卧铺大巴,车老板听你搭乘的距离太短也会拒载。上车后,我便向售票员要车票,有时被告知没有票,有时会撕给你一张甚至多张大额的。三卡更是如此,没有票据的情况很常见,只能在遇见有车票的车主时,多要几张,但往往要向其购买。这种调剂的"自由"能够带来意外的工作动力。

在一个遗址点工作少则一星期,多则半个月、一个月。调查结束时,需要及时支付住宿费和民工工资,工资单填写和现金支出都由领队掌控。放到今天,可能要成为一个需要堵绝的贪腐口子,但在当时,确实给我们带来工作上的极大自由和便利。实际上,这正

是野外考古的传统。二十世纪四十年代，夏鼐、裴文中等在大西北

考古，经常怀揣经费租骡子雇马匹，骑行在黄沙古道。论潇洒程度，

我们庶几可以比拟前辈了吧？起码，颠簸于江堤崎岖泥路上的三卡，

其危险性丝毫不亚于当年的骡马之蹄。

科学未曾涉足的领域，习惯被形容为处女之地。考古用语中，

又将开辟处女地称作填补空白。这正是二十一世纪初年浦阳江流域

的真实状态。所谓一张白纸好涂写，我显然获得了这样一种涂写的

自由，一笔一画都富有成就感。回忆那一年的调查工作，有两桩事

情恍如昨日，至今难以忘怀。

2000 年 9 月 17 日，我从诸暨乘班车去浦江。出发前，我与浦

江县文管会办公室主任兼博物馆长芮顺淦通了电话，向他介绍了这

次调查的目的和内容。我与芮馆长在四年前杭金衢高速公路调查时

初识，不算熟。他很热情，电话中介绍了浦江境内可能存在的遗址

点，并让我在一个叫李源的地方下车。由于他的普通话极不标准，

地名听得不清晰，客车到达浦江境内后，怕错过地址，我一路模拟

发音向邻座询问李源的位置，方知李源并非一个车站。掐准一个岔

路口下了车，终于与芮馆长会合。套用耳熟能详的说法，那真算得

上是一次历史性的会面。

芮馆长从李源带着我走向一个叫渠南的村子，也就把我带向了

当时还不为人知、后来足以写入考古史的上山遗址。就这么简单。

另一桩发生在萧山。配合我调查的是萧山博物馆的王屹峰先生，调查过程中，我们不止一次谈起跨湖桥遗址。这个测年达八千年的遗址，显然是我们共同的心结。跨湖桥遗址貌似十分重要，但已经沉寂近十年。2000年12月15日这一天，我们在一个叫作高庄里的遗址点调查时歇息，又一次谈到了跨湖桥遗址。王屹峰建议我去做点工作。

我一直没敢把跨湖桥列入调查的主要对象，原因有三：一是遗址摆在那里，已经发掘过了，用不着调查；二是位置在浦阳江与钱塘江交汇处附近，不一定非得拉入浦阳江流域的范畴；第三，也是最重要的一点，这个遗址原来的发掘者是我的同事，我中途介入是否合适？但在内心深处，对这个谜一样的遗址，我无疑是跃跃欲试的，既然王屹峰提了个头，也就顺水推舟，视之为萧山当地文物部门的请求，卸除了心头的一个包袱。我决定与跨湖桥见上一面。

通往上山和跨湖桥的道路都经过了一个岔口。前者是一个叫作李源的一不小心就会错过的实在岔口，后者则是一个由复杂人事交集而成的虚设岔口。作为一个常年跋涉在田野的考古工作者，我的方向感其实很差，但面对这两个岔口，都作出了无比准确的选择。

这其实是一种自由状态下的自然选择。

我出生并成长于浦阳江的一条偏远的小溪边，对浦阳江有天然的归属感。从楼家桥开始，我就找到了一种前所未有的放松和自洽。

或许，只有当你的心灵找到家乡的港湾，方能将自由的小舟驶得更远……

跨湖桥的故事————

THE STORY OF KUAHUQIAO

湘湖深处

Into the Xiang Lake

萧山（今杭州市萧山区），位于钱塘江南岸，西汉元始二年建县，称余暨，东吴黄武年间改为永兴。相传春秋时期越王为强吴所迫，只剩少数兵卒驻留在县西一里（一里等于五百米）的西山上，四顾萧然，所以称该山为萧山，又叫萧然山。唐以山名号邑，萧山县名由此而来。

萧山西部，有一个著名的湖泊，叫湘湖，其迹始载于《水经注》。与湘湖通连的还有两个湖泊，为临浦和渔浦。三湖南承浦阳江之泻泄，北有杭州湾海潮侵袭，人类在此生存繁衍，治水防涝为必用之功。万历《绍兴府志》载，这一带的堤塘"从古有之，不知其始"，盛唐诗人称临浦为"陂泽"，即其一证。由于低洼近海的特殊环境，干流至此，漫散成许多条纵横交错的支脉。宋、明以前的浦阳江在何处出口，迄今仍是疑案。地理学家陈桥驿认为古浦阳江在汇入临浦后由渔浦出海，可备一说，但主要入海口可能有过变化。迟至宋，临浦碛堰口凿通，浦阳江入钱塘江，下游地区治水环境发生大变化，临浦、渔浦开始了围垦湮废的历程。湘湖一带原为低洼农田，但经常受浸，北宋政和二年（公元 1112 年）围堤成湖，始称湘湖。

跨湖桥遗址发现于湘湖湖底，从叠压在遗址之上数米厚的淤泥沉积层判断，遗址直接因水淹而废弃。由此可见，历史时期湘湖地区的这一水文特征，一直可追溯到新石器时代。

人事沧桑，大千变幻。当明人张岱来到僻处萧然、舟楫罕至的湘湖，惊叹其"膄腆羞涩，犹及见未嫁之处子"时，这位意气隽永的读书人大约不会想到湖底沉埋着一处远古遗址，否则肯定不会生出如此风雅之思，倒有可能诞生另一部《桃花源记》。

跨湖桥为湘湖中间一座跨连东西两岸的古桥。明嘉靖三十三年（公元 1554 年），乡官孙学思为沟通湖西岸孙姓、湖东岸吴姓两族的往来，在湖中狭隘处筑堤并建跨湖桥。从此，湘湖分为南北两湖，南为上湘湖，北为下湘湖。民国以后，湘湖的水利功能逐渐削弱，湖面加速收缩，至二十世纪后半叶，湘湖名存实亡。

由于湘湖大半为淹田而成，一到枯水年景，大片良田会露出水面，若加以垦种，又会影响水利，这一季节性土地争夺，引发湘湖地区千百年来官民、民间争斗不断，成为人性与制度相撕裂的典型案例——美国人萧邦齐所著的《九个世纪的悲歌——湘湖地区社会变迁研究》一书，专门剖析这段历史。为谋生计，湘湖人发现了土地的另一价值：烧制砖瓦。湘湖黏土细腻而韧，是砖瓦的优质原料。
明代开始就有设窑的记载。清代，湘湖的定山、汪家堰、跨湖桥、
湖里孙、窑里吴诸村，均以制砖瓦为业，当然规模都很小。

二十世纪五十年代，跨湖桥北建有杭州砖瓦厂，成为一家效益
不错的国营企业。副产品是挖出了一个个巨大的取土坑。这些连片
的大坑灌水后，给人一种"前度湘湖又重来"的遐想，但在厂房与
烟囱的挤攘下，再也觅不到张岱眼中的"处子"之态了。

1970年前后的某一天，湘湖村的村民听到一个消息：杭州砖
瓦厂要在跨湖桥以南七百米处的冷饭滩设立一个新的取土点。消息
一传开，湘湖村民连夜突击，就地围堤抽水，抢占"阵地"。这则
传奇式的故事至少说明一个事实，当时冷饭滩一带属于无法正常耕
种的沼泽地带，取土的第一步必须围堤抽水。后来我们找到的一张
民国十六年的湘湖图，发现这里半个多世纪的环境地貌没有发生大
的变化。

那一晚，一家新的砖瓦厂诞生了，这就是萧山城厢砖瓦厂。
三十年中，它见证了跨湖桥遗址的发现、发掘，见证了历史与现实
的矛盾冲突，见证了文明社会的价值取向转变，最后因跨湖桥遗址
而废弃。

最早走近跨湖桥遗址的是杭州砖瓦厂的一位厂医，名叫陈中缄。
没人考证过陈医生什么时候成为一位文物爱好者，但有一点可以肯

定，他的夫人与省文物管理委员会牟永抗先生的夫人一道供职于萧山临浦医院，彼此有过交往。

一个秋天的傍晚——这里只能通过虚拟——陈医生走出医务室，在夕阳的余晖里，登上跨湖桥向南眺望，看见一个工人拉着一车砖坯突地从地平线上冒了出来，他一惊，才记起已有较长时间未去那家新开的砖瓦厂！他决定过去看看。陈医生多年来养成了一种习惯，那就是巡视湘湖一带砖瓦厂取土坑，饶有兴致地寻找着一种东西——路人视作破烂，他称为文物。他远远看到土坑深处的黑泥层里有一个发光体，走近一看：一片表面锃亮的黑陶片。但他很快发现旁边更吸引人的东西：一件完整的石器。他断定这些东西是黑土层里出的，然后瞄瞄上面厚厚的灰色淤土，直觉到此物年代的久远。他可能已从牟先生那里知道石器时代的概念了，不过那时习惯叫原始社会。他兴奋地感到自己又有了新的发现。

从此陈医生只要一有空暇，就会去城厢砖瓦厂转转，几乎次次必有所得。

三十年后，陈医生的儿子带领我们爬过荆棘丛生的土墙、翻进他们那座荒弃多年的旧宅，在一个靠墙的布满蛛网的木架子上，看到了数十件当年采集的石器和骨角器。

陈医生已经去世多年。据他儿子介绍，发现之初，陈医生曾向当时的萧山县文物部门报告过，但没有得到回应。但湘湖湖底出古物的消息，毕竟还是在附近的村民中间慢慢传开了。

十多年以后，一个叫郑苗的小学生，开始对这些出土物发生兴趣，看到一些精致奇特的，便捡回家里。作为放学以后习惯在砖瓦厂附近转悠玩耍的许多学生中的一个，他很快发现这些东西似乎挖不完，有一次还看到过一只小木船……后来读中学、大学，他仍然关注着这个"谜"，直到他将发现告诉了一位老师。

1990 年 5 月 30 日，萧山市文物管理委员会办公室接到浙江广播电视大学萧山分校巫灵霄老师打来的电话，告知有位学生在湘湖捡到了文物。文管办的倪秉章、施加农立刻赶到电大，通过班主任胡建功老师找到那位学生，也就是郑苗。看到郑苗出示的一些石器、骨器，倪、施两位当即约定去现场踏勘。

跨湖桥遗址在迟到近二十年后，终于被正式发现。

1990 年 6 月 14 日，浙江省文物考古研究所接到遗址信息——跨湖桥遗址第一次考古发掘终于拉开帷幕。

回首 1990 年的冬天

Looking Back to the Winter of 1990

1990 年冬天的跨湖桥，寒冷又紧张，但未必有多少兴奋。作为一般性的抢救性发掘项目，跨湖桥遗址给人的感觉是惨不忍睹，破坏得太严重了！二十年不间歇的机械取土造成的几万平方米面积的大深坑，足以破碎考古学家对成果期望的浪漫幻想。

或许，一张既定的东南沿海地区新石器时代文化网络图上，又将标入一个新的遗址点。仅此而已。

二十世纪八十年代，区系类型理论趋向成熟，开始影响并指导中国新石器时代的考古实践。区系之一就是"以太湖地区为中心的东南部"，这里分布着良渚文化与河姆渡文化。当时人们对这一区域史前文化的认识水平与自信程度，可套用 1984 年苏秉琦在"太湖流域古动物古人类古文化学术座谈会"上的一段讲话："我们现在可以说，对它（太湖地区的新石器时代文化）的质、量已具备了基本的认识，这是哲学上讲的本质问题，作为一个考古学文化区系的实体，已不再是捉摸不定了。"这一乐观情绪同样弥漫于作为河姆渡文化分布区域的宁绍地区。位于宁绍平原西缘的跨湖桥遗址，几乎可以先验地纳入河姆渡文化的范畴。

时隔十年，对跨湖桥遗址进行第一次发掘的领队芮国耀先生回忆说："如果说我们在发掘之初就认识到跨湖桥遗址的年代与文化特性，那是假的。遗址出土的炊器拍印绳纹，虽然大多为交叉绳纹，但还是马上与河姆渡文化联系起来，因为杭嘉湖地区的马家浜文化器物上极少发现绳纹。关于年代，发现许多外红内黑的陶片，因此认为可能相当于马家浜文化阶段。"

发掘是从 10 月 10 日开始的。按照签订的合同，城厢砖瓦厂提供发掘经费三万元。发掘民工另由厂方派出，暂交考古队管理。

作为世代相传的制砖人，挖土翻泥已是看家本领，民工们对"发掘"并不陌生，很快领会了考古是干什么的。尽管他们对捡拾一些破碎陶片的行为表示不解，但这并没有阻碍他们兴趣盎然的眼睛。看到考古队员为一些石、骨、木器专心致志地量坐标、定方位，他们常常表示出不屑，争说还有更好的早被他们挖到过并且扔掉或击碎了！这使年轻的考古队员们微微受到一种被轻慢的刺激。

江南的秋冬季节，气温虽是日冷一日，却是晴多阴少。

早晨，太阳从东边的石岩山探出头来，考古队员跟着起床，洗漱完毕，集体到砖瓦厂的职工食堂用过早餐，开始一天的工作。傍晚，站在租住宿舍的阳台上，可直接眺望到远处城山上的越王台。高耸的烟囱向天空吐出淡淡的烟霭，与越王台上的晚霞轻轻碰接，意识深处或可听到古战场千军万马的嘶鸣，但旋即又眩晕于山林背后迸出的万道金光。一天劳累下来的考古队员们，也有机会享受失神的片刻，时间凝结成宁静的瞬间，而历史似乎伸手可及。

发掘历时两个月，实际发掘面积三百三十平方米。由于遗址深埋于古湘湖底部，长期的浸水环境及深厚湖相淤积土的隔绝作用，大量骨木器和动植物遗存很好地保存下来。这很难得。大多数史前遗址，由于酸性土壤的侵蚀，有机质文物都腐烂殆尽，出土物仅存陶器、石器。在某种意义上，有机质文物的保存好坏，决定了一个遗址的价值高低。以河姆渡遗址为例，假如稻谷遗存、干栏建筑构件和大量的雕刻有原始艺术图案的骨木器都腐朽不见了，考古信息量大减，那么它能否进入中学历史教科书，就要另说了！

话语至此，我们或许应该为跨湖桥遗址的命运叹息一声。

如果跨湖桥遗址被发现的时间更早，也许是有机会取代河姆渡遗址的地位的。

假如发掘及时，河姆渡遗址所获得的象征性荣誉，很可能会挂到跨湖桥的脖子上。

跨湖桥遗址令人震惊的程度，并不亚于河姆渡遗址：栽培稻遗存、独木舟、漆弓，放在远古长江流域"荒蛮"视像中的反差性震撼，与河姆渡遗址并无二致，更何况年代还要提前整整一千年！

　　但匪夷所思的是，正是这一千年的时间优势，竟然成为延续跨湖桥遗址"悲剧"的怪异推手！事情的原委是这样的：

　　1990 年度发掘结束后，考古队将遗址出土样品送到国家海洋局第二海洋研究所碳-14 实验室作碳-14 测年。得出四个测定数据，最早的达八千多年前，最晚的也是七千多年前，整体超过了河姆渡遗址。这一结果不但超出了发掘者的预料，也超越了学术界的认知。如前所述，当时考古界对杭州湾地区新石器文化谱系的认识，已经有了"不再捉摸不定"的自信。但在这一被确信的谱系中，并没有给跨湖桥遗址预留一个八千年前的独立席位。这听起来有些荒唐，但却是令人沮丧的事实。

　　推导出这一"荒唐"结论的先验逻辑是：跨湖桥遗址位于钱塘江以南，就必然属于河姆渡文化系统；如果八千年的测年属实，那么就应该是河姆渡文化的源头。但跨湖桥遗址的遗存内涵，却站不稳"源头"的地位——因为跨湖桥遗址陶器匀薄、规范，看起来比河姆渡文化更"进步"。既然"进步"，那年代必然是晚的——经过一番类型学的分析、包装，一个颇具代表性的结论是：跨湖桥遗址是一种分布于宁绍平原西部、从属于河姆渡文化的晚期类型，断代为约距今六千年。

　　很显然，这一逻辑遵循的是单线的文化演进模式。这种理想化的谱系追求，恰恰没有考虑到另一种可能：在浙江地区的史前舞台中，会有不同的人群在不同的时间里粉墨登场。不同人群所创造的文化成果，并没有被其他人群继承和吸收，或者在继承和吸收中发生了较大的变异。否则，就不会轻易否定碳-14测年这样一种相对容易做到客观的技术性数据，而屈从于更易出现主观性偏差的文化因素分析。为什么必须是河姆渡？如果之前建立的历史原点不是河姆渡，而是跨湖桥，会不会造成河姆渡遗址无处安放的局面？

遗憾的是，历史无法改写。这一本该在二十世纪六十年代就发现的遗址，在迟到三十年后，依然没有被考古界承认，无法获得一张"合法"的出生证明。

整整十年，跨湖桥遗址再一次被遗弃！

谁之错？今天回过头去检索当年的论文资料，我们甚至找不到学术界对跨湖桥遗址年代提出否定意见的权威说法。

一种集体无意识，悄悄地谋杀了跨湖桥遗址。

值得一提的是，跨湖桥遗址的发掘者，倾向于接受测年结果。为了证明这一点，他们还放大了文化的考察范围，将比较的目光投向七千五百年前位于洞庭湖流域的石门皂市下层文化。但这一在今天看来不失正确的认识方向，并没能挽救跨湖桥遗址的命运。

1996年，时任良渚工作站站长的芮国耀与方向明重回跨湖桥遗址，他们想对跨湖桥遗址再作一次发掘。但由种种原因，竟未能了却这桩说不清道不明的心愿……

雾中若见

Seeing Through the Fog

2000年12月17日，在萧山博物馆王屹峰先生的引领下，我带着技工小夏前往传说中的跨湖桥遗址。

我们乘坐萧山博物馆的长安面包车，沿着一条狭窄而略显破碎的沥青马路，向城西方向行驶。穿过一个隧道，就看到几支高高的烟囱。不久汽车向右拐过一座水泥板桥，再走了大约百十米，便看到一片取土场。这里就是跨湖桥遗址了。

但现场状况让王屹峰感到吃惊——他也有几年没来过这里了，一眼望去，只见一个巨大取土坑。遗址在哪呢？凭着王屹峰的朦胧记忆，我们重点踏勘了取土坑的南侧大断崖。在断崖中部的生土层之上，有土色略显黝黑的地层，我安排小夏先在这里试掘，又叮嘱他在取土坑四周仔细踏勘。

由于还有其他工作要做，我没有在跨湖桥待太久。离开遗址之前，我对着这家发现又毁灭了跨湖桥遗址的砖瓦厂，凝视良久。

好大一个坑啊——后来测量，面积超过十五万平方米，深度超过二十米。平坦的坑底，已经成为生产区域。中间有两排砖房车间，两侧是晒坯场。周围一圈，铺设有铁轨；铁轨外侧，有多台挖土机爬在断崖上正不停挖着土；长臂抓斗将挖出的泥土放进"小火车"，然后运送到北边的两台卷扬机边。卷扬机在坑底和坑口间来回输送着砖坯、泥料。最吸引我的是在铁轨上绕圈的"小火车"。小时候，老家村子里有个煤矿，煤洞深处挖出的煤炭，就通过铁轨上的"小火车"输送出来。我们喜欢去爬"小火车"，乘上一段过把瘾。此情此景，勾起了我许多回忆。但很显然，这个大土坑，盛放着人类更遥远的记忆。只是，那个十年前引来无穷疑惑的遗址，此刻还存在吗？

几天后，小夏打电话告诉我，南侧试掘点没有发现文化层，但他已经找到线索了。原来有个砖瓦厂的职工，参加了当年的考古发掘，他弄清楚小夏的考古意图后，就把小夏指引到取土坑东缘的一个部位。在一片履带痕、抓土齿痕错杂的新土中，小夏发现了夹杂着陶片的土层。我让小夏就地试掘。又过了两天，小夏通报试掘深度已超过半米，出土了不少陶片，还有两件石器，让我过去看一下。

2000年12月24日，我起了大早，乘352路杭州公交车到达萧山，再转乘16路萧山公交车，约在八点半钟抵达湘湖站。这是我第一次独自来到跨湖桥，道路还有些陌生，这天又逢浓雾弥漫，十步之外不辨人形，只能根据大致方向寻找遗址，后来是凭高声叫喊与小夏呼应上的。

后来我想，这是不是跨湖桥遗址从云遮雾罩中重新登场的序幕呢？

小夏试掘的位置在取土坑东边的一片凸出区域，上部土层已经被挖土机挖去不少，露出细腻柔软的青灰色淤泥。文化层呈黑褐色，掺杂较多的有机质，给人一种松软的感觉。除了陶片和石器，还发现动物骨头。出土遗物色泽如新，保存极佳。

我蹲在探坑边，一手拿着一片绳纹陶釜残片，一手掂量着一件光滑的石锛，心里暗暗惊喜：终于见着你了，跨湖桥遗址！

我将情况通告王屹峰，他乘坐长安面包车，也很快赶到现场。兴奋之中，我们初定了发掘意向。两人找到砖瓦厂的罗厂长，得知这块地方已列入取土计划。实际上，已转制为私营企业的城厢砖瓦厂，在允许的征地范围内，只剩下这一块取土场，如果我们迟来一月，这一片遗址可能也就不存在了！

12月27日，试掘工作完成。我、王屹峰与萧山博物馆业务副馆长施加农一起正式向砖瓦厂交涉，砖瓦厂同意在遗址发现区域暂停取土，我答应在第二年初夏进点发掘。

在这之前，我们已与浦江博物馆签下了蜇塘山背遗址的发掘约定，所以跨湖桥遗址发掘只能排在后面。但既然遗址还在，迟上几个月就不是个问题。我盘算着可以在跨湖桥大干一场，因为在试掘坑的东面，还存在一片平坦的场地，足够布下二十多个探方。我确信这片区域依然会是遗址的延伸范围。考古经验告诉我，发掘区永远只是遗址的一部分，还从来没有遇到过遗址不够发掘的状况呢！

但事实证明，我过于乐观了。

2001年5月24日，跨湖桥遗址第二次发掘正式开始。按照原先的设计，我们在试掘坑的东部布下了十米见方的五个探方。发掘以一种令人愉快的方式顺利推进，上部那层质地细腻、色泽清灰的厚厚淤泥，用不着锄头，只要铁锹，就可以像豆腐一样一块一块往下切。民工排起长队用手传递将泥土送出去，不用土箕挑土。这种新奇的体验，带来了别样的发掘乐趣。

但焦虑的情绪随之到来：二十多天过去，探方最深处已经超过了四米，淤泥层怎么就挖不完？情况与试掘坑不一样啊！为尽快探明情况，我改变按部就班的发掘方法，缩小面积，按半个探方或四分之一探方先行下掘——黑黑的文化层终于露头。但遗憾的是，文化层极为稀薄，且愈向东部愈稀薄。

我终于明白，此处已经到了遗址的边缘位置……

跨湖桥遗址所剩无几！这是我们不得不接受的冷酷事实。它意味着这次发掘可能是短期的，我与跨湖桥遗址缘分还不够深。怅然若失之际，我第一次试图去还原跨湖桥遗址的真实状况。砖瓦厂老工人告诉我：更早的时候挖出的那些陶片、动物骨头，几乎遍及整个取土区；而 1990 年的考古发掘位置，在取土坑中部偏西南，现在已经"悬空"，完全不存在了！

此时此刻，我只能对着空旷的砖瓦厂取土坑发出一声叹息。当初遗址为什么没有进行有效保护？难道是因为年代有争议？八千年的断代有疑问，六千年的遗址就不重要？事实上，跨湖桥遗址是当时萧山唯一经过正式发掘的新石器时代遗址。

但跨湖桥显然不甘于这样退出历史舞台，遗址看似只剩下边边角角，其实还具备风生水起的潜在能量。当我不得已将发掘区整体西移，移到取土坑边缘已经被抓土机挖碎了的区块时，中国东南地区新石器考古的重彩浓墨一笔，已经在不经意间轻轻落下。

惊起一滩鸥鹭

A Shocking Discovery

在被挖土机抓得坑坑洼洼的取土坑边缘，我们依然找到了发掘的位置，尽管空间有些凌乱、逼仄。在意料不及的错愕而短暂耽搁后，我们不久又进入了紧张的工作状态。

遗址区原来是一个湖边滩涂，叫冷饭滩。半个世纪之前，这里还是一片兔起鹘落、鸥鹭联拳的宁静之地。但在 2001 年的夏天，有两拨人马在喧嚣中相向而行。一拨制砖作瓦，那是构筑现代的材料；另一拨考古发掘，在寻找拼复远古的构件。只有到夜晚来临，考古人员和发掘文物全部被"搬"进一栋裸露着红色砖块的临时宿舍时，两者才走向暂时的"统一"。

这是一个奇热的夏天。宿舍在一栋砖瓦厂办公楼的顶层，水泥屋顶能将太阳一天直晒的热量照单全收，房内犹如蒸笼。晚上睡觉只能转移到泼洒过凉水的走廊上，在蚊烟的缭绕中，简易床铺一字排开。后半夜稍凉，光着膀子的考古队员又不得不将床铺移回房间。

从遗址到宿舍，大约有十五分钟的路程，不远。但在烈日之下，走完这一段路并不容易。尤其中午收工，肚子饿得咕咕叫，一路上没有一片遮阳的树荫。大家戴着草帽闷声走路，有一次，拖着沉重脚步的我发出"要走不回宿舍了"的感叹，没想到旁边马上有人苦笑着回应："我还以为只有我一个人这么想呢！"

所幸发掘结束的时间提前了好多天。这一年考古所来了新所长，惯常的夏季集中开会时间提前，要求考古工地赶紧收工。

撤出工地的那一天是 2001 年 7 月 31 日。探方其实尚未真正见生土，底部是一层更加细腻的青淤泥，零星陶片总是挖不干净——后来才知，这是遗址早期的湖相淤积层——收工就收工吧！炎炎酷暑中，我们已经抢救了大批资料，对得起这个残破不堪的遗址了！

发掘收获确实惊人。一件件新鲜如初的木、骨器，尤其让我大开眼界。

　　一天，遗址出露一根十五厘米长的木锥，捡起来到边上的水洼里洗干净一看，我大吃一惊。这件木锥的扁舌状端部，分明刻着一个笔画清晰、结体规范的"字"，如果最后一捺往上勾起，不就是一个标准的"元"字？取回室内后，我将木锥小心地存放在矿泉水瓶里，日日换水，反复观摩。透过瓶水的折射，我恍惚看到这个"元"字在悠悠时空里不断变幻，向我展示它的神奇。后来，研究者认为这是"二"和"八"两个数字的组合，是最早的数卦符号。如果这一卦象果真与后来的周易八卦属于同一个体系，那又要在史前时代勾画出怎样的一幅南北文化联络图？

又一天，一个探方里发现了几根残断的木条。技工拿来给我看，我大致判断为一截自然树枝，因为外层有横向褶起的皱皮，很像是我熟悉的李树皮，暗红色透着一点光亮。采集回去后，我将它浸泡在椭圆形的红色塑料盆里，除了定时换水，也就慢慢将其遗忘了。直到2004年中日合作进行木器研究，一位日本专家在做木材的切片观察时，认为这可能是一张残弓。根据在日本的考古经验，他还认为那层暗红的表皮就是缠扎木弓的树皮，目的是增强弓的韧性。吃惊之余，我重新观察了这根原先认定的"枝条"。待找到弓弣部位并确认了这一特征后，我认同了他的判断，但对外缠树皮这一点，表示怀疑。此时，因为长时间的浸泡，外皮开始局部脱落，我建议将一片半脱落"树皮"摘下来和切片一起进行检测。后来的检测结果更是出乎意料，原来这是一层漆皮，而这件器物则是桑树制作的漆弓。这可是迄今发现的世界上最早的漆器啊！

这一发现，让我回忆起大学实习期间去长沙参观马王堆汉墓的情景。除了那具著名的女尸，当时我对棺椁里漆器、漆画的完美保存感到特别惊讶。如今见识了跨湖桥遗址，方才明白造化确实可以做到这一点。遗址之上叠压的青淤泥，与覆盖马王堆棺椁的青膏泥应该有异曲同工之妙。马王堆的建造者并没有见识过跨湖桥遗址，他们的经验来自何处？在茫茫时间里，又有多少条尘世路径消踪灭迹？不禁为之一叹。

发掘的最后一天，我正对着清理干净的探方拍摄"遗照"，准备作最后的告别，却见一只蜻蜓停在底层淤泥上。这个位置曾经出土一片鲜绿的叶子，叶子出土不久就氧化变色了，但蜻蜓的准点造访，让我看到了两个跨时空生命体之间的彼此吸引，这是唯有在考古探方中才能见到的魔幻场景。

跨湖桥遗址终于出名了！杭州的报纸、电视台对这次发掘的考古报道，可以用"狂轰滥炸"形容。确实，跨湖桥遗址具备了媒体所渴望的新闻要素，年代超过河姆渡，浙江历史之最，而测年的争议，反而成为一个焦点，吸引了前手机时代的报纸阅读者。

发掘者的认识，自然成为新闻记者演绎、解惑的源头。根据亲眼见到、亲手摸到的陶片，我大胆表达了对遗址测年的肯定。跨湖桥丰富的陶片里不见三足鼎，年代绝不会晚于距今六千五百年，这是刚从楼家桥遗址获得的信心。

经过仔细的拼对，有一百多件陶器得到复原，这大大超越了1990年的发掘成果。釜、罐、豆、钵、盘、甑等器物群的完整呈现，以及交叉绳纹、方格拍印纹、镂孔装饰、彩陶、黑光陶的独有风格，彻底拉开了跨湖桥遗址与河姆渡遗址的距离。很显然，这些内涵特征不属于河姆渡文化，当然也不能以河姆渡文化为标尺去衡量它的年代。

彩陶在陶器中占有相当比例，这是浙江新石器时代遗址中从未见过的现象。彩纹总是装饰在器物的最醒目部位，如豆、盘等敞口坦腹类陶器的内壁，罐等窄口深腹陶器的肩部。这一审美风格完全符合现代美学的装饰原则。太阳纹是彩陶中的常见图案，有些带有放射光芒，有些是大红圆圈。显然，太阳意识已经出现。令人惊讶的是，在一件扁腹罐的器耳上，还出现一个"田"字彩纹符号。难道除了那件"二""八"数卦，还有神秘密码可以开启远古之门？

黑光陶也很独特，漆黑光亮异常，乍一见恍惚就是良渚黑陶。当我将这一比喻通过媒体曝光后，有一位业余考古爱好者抓住跨湖桥遗址存在年代争议的弱点，一口咬定这里是良渚人的"沉船"处——良渚人的一艘载满陶器的木船，驶过湘湖时不幸翻船了，堆出了一个跨湖桥遗址。令人啼笑皆非。实际上，两者完全属于不同的黑陶，胎质不同，外露的光泽也不一样，器形当然更不一样。但跨湖桥遗址制陶技术水平的确堪比良渚文化，在一件陶罐的颈部位置，我们看到有一圈一圈的规则旋纹，似乎表明跨湖桥人已经学会用慢轮修整陶器。后来又发现了一件木质轮轴，可为佐证。这改变了六千年前才出现陶轮的旧有认识。

这些发现与认识，让我们坚信跨湖桥遗址独立的文化属性。接下来唯一的任务，就是为跨湖桥遗址正名，让学术界承认在史前时代的中国东南部，存在着一支距今八千年的考古学文化。

11月6日，寄到北大的六个样品的碳-14测年数据飘然而至。如我所愿，经树轮校正，这批数据均落在距今八千年至七千年的时间范围内。这就证明，十年前国家海洋局海洋二所的测年是正确的。

时机成熟，我们正式向杭州市萧山区政府提出了召开全国性学术会议的建议。无疑，这是当地文化、文物部门盼望已久的会议。从跨湖桥遗址发现以来，他们一直梦想着将"浙江历史之最"的冠冕戴到萧山的头上。

2002年1月23日，春节将至，萧山区文化局分管文物工作的蒋婉秋书记正式向我确认区政府已批准召开"跨湖桥遗址学术研讨会"，日期定在2002年的3月下旬。

跨湖桥遗址的坛坛罐罐，就如一席丰盛的酒宴，经过悉心的酝酿和准备，就要堂堂正正地端上桌面。

文化命名

Naming a Culture

2002 年 3 月 27 日，北京大学、故宫博物院、中国社会科学院考古研究所、中央民族大学、中国文物报社、上海博物馆、南京博物院、安徽省文物考古研究所、江苏省南京市文化局等单位的专家学者会聚萧山。

会议目的十分明确，通过 2001 年的发掘，跨湖桥遗址作为一种独立文化类型，已经在共存关系、遗存特征和年代三个方面得到确认，需要通过专家之口确定下来，从而取代河姆渡，成为浙江新石器文化的新源头。

但会议的架势，不得不让人感受到学术的严肃性。让专家们对着这批陌生资料下一个结论，并没有想象中那么简单。症结主要是缺乏可以比照的遗址，许多专家都感觉到遗址内涵有些杂：既有可与湖南石门皂市等遗址相比较的早期因素，如双耳罐、彩陶等；也有疑似较晚的因素，如双腹豆、方格纹罐。如何看待这种"不合理"

现象？有专家提出发掘中是否存在地层搞混、晚期遗存扰入的问题。

对跨湖桥遗存一体性的怀疑，显然缺乏客观的证据。发掘两次，均确认了地层的原生性质，遗址埋没在深厚而纯净的淤土层下，没有更早期或更晚期遗存的相互叠压，又何来的混淆？更何况这些似是而非的晚期因素，在杭州湾附近的其他新石器晚期遗址中，从未出现过。从逻辑上讲，一旦发现特殊、陌生的遗存现象，对一个地区文化谱系的完善程度愈自信，就愈应该从年代的角度去解释，何况跨湖桥遗址还存在着显而易见的早期特征。但一部分专家似乎不肯认这笔"糊涂账"。

研讨会的主题逐渐从具体问题扩展为考古学的一般问题。应该如何看待新发现？如何摆脱经验主义羁縻？吴汝祚先生回忆河姆渡遗址、裴李岗遗址的发现经过，当初也是疑虑、问题一大堆，但最后都得到一一解决与澄清，而且都成为学科进步的突破口。严文明先生也认为要建立新思路，不要套老框子，跨湖桥遗址是个有机的整体，在已经建立起来的文化序列中找不到位置，就往前搁。吴先生和严先生都倾向于接受跨湖桥遗址的年代测定数据。

由于意见不能统一，最后在起草会议纪要时卡了壳。

应该以何种措辞向新闻界发布研讨成果？从萧山区政府的角度看，召开会议就是为了宣传本地区悠久的历史文化，如果结果与此相悖，就很难说开了一个成功的会议。萧山区文化局、博物馆为此承担了莫大的压力，我这个会议的学术准备者，也有些下不了台。

怎么办？一时间，僵持、压抑的气氛笼罩了会场。最后，采用一对一征询专家意见的办法，施加农副馆长拿着拟定的纪要文字稿，让专家逐个签字，勉强达成了"多数学者赞同跨湖桥遗存的上限较早，认为或者跨湖桥遗存整体早于河姆渡文化，或者晚段和河姆渡文化有一段并行发展的时期"这样的看起来带有妥协性质的结论。

但与会代表一致认为，"跨湖桥遗存的文化面貌十分新颖独特，其器物群基本组合、制陶技术、彩陶风格等，皆不同于浙江境内任何一支已知的考古学文化，又自成一个整体，是浙江考古的崭新发现。由于其文化面貌的特殊性，因此，可以把它看成一个单独的文化类型。但限于目前有关发现尚少，特别是还不明了这类遗存分布的基本范围，因此尚不急于给予其文化的命名"。

尽管过程有波折，但从结果看，"跨湖桥遗址学术研讨会"可谓成效显著。半个月后，2001年度"全国十大考古新发现"名单公布，跨湖桥遗址荣幸当选，这不能不说与会议的造势有莫大关系。这里还有个小小的插曲——

这年"全国十大考古新发现"候选项目征集，浙江省文物考古研究所并没有推荐跨湖桥遗址。会议前夕，我在萧山博物馆有意无意地聊起雷峰塔遗址参评"十大"之事，施加农、王屹峰等认为跨湖桥遗址也应该争取。但按正常的流程，显然已经错过报名时间。幸运的是，机会最终还是留给了跨湖桥。3 月 26 日，我向前来参加跨湖桥会议的《中国文物报》副总编曹兵武先生提出跨湖桥遗址参评"十大"的意愿。热心的曹总编赶忙打电话给报社，确认评选名单尚未上报国家文物局，当即请工作人员办了补报手续。中国文物报社是"全国十大考古新发现"评选的经办单位，跨湖桥遗址最后入选，可以说全赖曹兵武先生提供了方便。这一年的"十大"终评，浙江省文物考古研究所独占两席。由于跨湖桥遗址并非通过常规途径上报，考古所主要领导一度还以为入选的是另外一个遗址，上墙公布时差点闹出笑话！

跨湖桥遗址后来被命名为一种独立的考古学文化。从这一点看，它在 2001 年当选"十大"，实至名归。也正是借着当选"十大"的春风，我们得以加速向命名跨湖桥文化的目标前进。

其实从一开始，我们就明白，要命名跨湖桥文化，至少还需要发现一个同类型的遗址，这是一个硬条件。《中国大百科全书·考古卷》这样定义一种考古学文化："某几种特定类型的器物，经常地在一定地区的某一类型的居址或墓葬中共同出土，这样一群有特定组合关系的遗存，即可以称为一种'文化'。"在此定义的实际运用中，典型陶器群在一定时间、一定区域的遗址中"反复"出现，是判别一种考古学文化的简单标志，而"反复"的标准，则往往被认定为"不少于两个遗址"。

于是，寻找这"第二个"遗址，成为一个特殊的使命——实际上，2001年发掘一结束，我们已经开始在萧山南部的孔湖等地进行调查了。2002年夏天，我们放弃了暑期的休整机会，专题性考古调查马不停蹄在湘湖附近地区展开。

正所谓求仁得仁，一个名叫倪杭祥的文物爱好者，在跨湖桥遗址北边约两千米处捡到了陶片，他把这一重要信息及时报告给考古队。果然，在杭州乐园南侧、原湘湖砖瓦厂的取土坑西侧断崖，我们找到了文化层。采集到的零星文物中，最具有辨识度的是一枚直径不足两厘米的小小线轮，具有明显的跨湖桥文化特征。因地点靠近湘湖村的下孙自然村，我将这个遗址定名为下孙遗址。

2003年7月，我们对下孙遗址进行了试掘。同年11月开始，又进行了正式发掘。下孙遗址陶、石器所体现的文化特征，与跨湖桥遗址完全一致。

这就够了。跨湖桥文化命名的客观条件已经成熟。

为了保证目标的顺利实现，我决心将跨湖桥考古报告写出来。在大致估算极限时间后，我提议将跨湖桥文化命名会议的召开时间确定在2004年12月。

2004年是我考古生涯中最难熬的一年。跨湖桥报告的绝大部分文字，几乎都是自己在电脑里"炼"出来的。脑子里除了报告，已经装不下其他东西。一度患上了电脑强迫症：关机后反复打开，检查是否丢失文件；外出时则担心随身带着的电脑遗失或被偷窃。

皇天不负有心人，这本被业内誉为出版速度最快的《跨湖桥》考古报告，在文物出版社编辑李克能先生的大力支持下，终于出版。油墨未干，就送到了萧山。

12月16日，由浙江省文物局、萧山区政府主办，浙江省文物考古研究所承办的"跨湖桥遗址学术研讨会暨《跨湖桥》报告首发式"在萧山召开，在著名考古学家严文明先生主持下，跨湖桥文化获得了正式命名。

自河姆渡遗址发现以来，浙江新石器考古又迎来了重大突破。

独木舟遐想

Thinking About the Canoe

　　在我脑海里，跨湖桥遗址呈现的始终是一个长长的大剖面。这个剖面的上部，是一层厚厚的青淤泥，厚度达四至六米；中间是一层黑褐色的混合土，即文化层，文化层由西向东由厚变薄，渐至消失，西边依靠黄土基岩，东边则"漂浮"在一层更加纯净的青淤泥上，一只独木舟斜出一角……

这本应该是跨湖桥遗址博物馆能够展示的最壮观地层剖面，可惜从来没有真正存在过。因为在考古发掘之前，上部的青淤泥遭到砖瓦厂取土的严重破坏。后来下孙遗址发掘，终于见到了完整的上部青淤泥层，但下孙遗址的文化层和下部青淤泥层又不够典型。因此我脑子里浮现的这个大剖面，正是下孙遗址和跨湖桥遗址的叠合。

这个大剖面是全新世以来湘湖地区沧海桑田，也是杭州湾地区环境变迁的真实写照。

上部的青淤泥层，一度认为是古湘湖的湖底沉积，后来经过地质学的分析，才明白湘湖淤泥只有顶部的薄薄一层，大部分属于海相沉积。也就是说，遗址后来被"海"淹没了，湘湖只是在这基础上形成的潟湖。

在厚厚的海相淤泥层中间，可以看见无数粗细相间的粉砂层理，还能辨见花朵状的纹样，像是被"凝固"的浪花。

对于这一海相沉积的性质，不同学者存在着微小的分歧意见。有人认为是潮上带（海潮到达的最高线位）、潮间带（海潮高潮位与低潮位的区间带），也有人认为是古钱塘江泛滥的沉积。由于古湘湖处在杭州湾的湾底位置，海潮的顶托抬高了海平面，与钱塘江下泄洪水交汇后，水势愈甚，形成了举世闻名的"钱塘潮"。可以确定的是，厚厚的粉砂状淤泥层包裹着大量的海洋类硅藻，其沉积过程直接受到海洋影响。因此，两种认识并未有本质性的矛盾。

中部的文化层当然属于跨湖桥遗址。为什么文化层的东部边缘"漂浮"在更深沉的青淤泥之上？原来，跨湖桥遗址西依山、东临湖，遗址东面有一个更古老的湖泊。在遗址形成期间，水位下降、湖面收缩，遗址逐渐向东延展，在干涸的湖边淤泥层上，也出现文化层分布。土壤分析表明，下部的湖相青淤泥更为细腻，所含硅藻属于内湖性质，这证明跨湖桥遗址濒临的水域与海岸有一段距离。

跨湖桥遗址的内陆特征是明显的。植被呈"三层"结构。周边的山上可见到适应温凉气候的榆、榛、松、云杉、冷杉等高大树木。林下以杜鹃为代表的灌木丛生，再下则有蕨类植物生长。平原沼泽区生长有大量的香蒲、水稻，岸边有其他杂草及垂柳。

在河漫滩、湖沼及山涧里，有扬子鳄栖息。湖泊、低洼草滩和芦苇丛中还有雁、天鹅、丹顶鹤、野鸭的踪迹。山林里栖息有貉、獾类野兽，野猪、麋鹿、梅花鹿出没于灌木丛或较低湿的森林边缘，还有更多的水牛和羚羊栖息于山坡林子或稀疏草地中。

丰富的动植物证据显示，跨湖桥人过着一种狩猎、采集兼农耕的生活。

遗址为什么会随着湖面的收缩而向东部缓慢拓展？原因应该是为了与湖面保持固定距离。因为跨湖桥人的生活，与湖泊亲近，并通过河流与海湾保持着十分密切的联系。湖边文化层中发现的独木舟，充分说明了这一点。

　　这只著名的独木舟，发现于2002年9月开始的第三次发掘期间。这次发掘，也完全是受2001年入评"全国十大考古新发现"的鼓舞而实施的。严文明先生在"十大"评审会上，为跨湖桥遗址说了话，他认为遗址已经破坏殆尽，以后再无发掘与评选机会。严先生说的并没有错，但遗址还是有扩方的余地。令人惊喜的是，就在一个半拉子的探方里，被称为中华第一舟的跨湖桥独木舟，被我们发现了！

　　这只用马尾松刳凿而成的独木舟一端已被砖瓦厂取土挖掉，残长五百六十厘米，最宽处约五十二厘米，厚约二点五厘米，中部大部分侧舷残去，成浅凹状的木板。舱内底与内壁基本垂直，舟体表面比较光滑。是一条破旧的独木舟。

　　采用本体样品进行碳-14年代测定，独木舟的年代为距今约八千年，这与所在地层的年代基本吻合。

　　遗存现象表明，这只独木舟当初被固定在木架之上。周边还发现许多剖开的木料和一些石锛和锛柄。这些石锛就是刳凿独木舟的工具，说明这只独木舟处在加工或维修的状态。舟体发现多处火烧痕迹，也证明独木舟的制作采用的是火烧与刳凿相结合的方法。

　　值得注意的是，独木舟的边上还发现了几个上部扭曲的木桩，很像是用来绑系独木舟的。

　　我们由此可以展开想象，跨湖桥人乘坐独木舟驶入河湖，抵达或远或近的地方，去进行捕鱼、采食。遗址中发现的鱼骨、菱角，很可能是通过独木舟采捕而来。竹木制作的浮标、陶器上刻划的网格纹以及纤维线段的发现，证明当时已经有渔网。打鱼、采食归来后，就将独木舟系在岸边的木桩上。

　　跨湖桥独木舟是否可以出海？这是许多历史爱好者喜欢追问的一个问题。因为遗址靠近海湾，提出这一问题合乎情理。考古研究对此问题的看法倾向于肯定。有人从独木舟含有盐分这一点，认定独木舟曾行于海。但独木舟在海相沉积环境中埋藏达数千年，整个跨湖桥遗址含盐量都很高，因此这一证据缺乏说服力。又有学者通过对独木舟形态的比较研究，认为跨湖桥独木舟的船头起势平缓，横截面呈半圆，船底不厚，船舱偏浅，可归为"在海岸边使用的独木舟"类型。

　　但独木舟即使在海湾、近海活动，也有风急浪高的时候，单薄的独木舟，果真能平稳安全？民族学资料证明，独木舟的这一缺陷，可以用边架艇式的改良方式进行弥补。所谓边架艇，就是在独木舟的一边或两边绑扎木架，成为单架艇或双架艇，以增加稳定性，即使遇见风浪，也不易倾覆。

　　在跨湖桥独木舟遗迹的边上，还发现一件具有相当幅度的篾编物，很像是原始的"帆"。

　　由此说来，跨湖桥人很可能已经掌握了驾驶独木舟在海边，甚至向海洋的深处扬帆远航的能力。这有助于我们对跨湖桥人的去向展开无穷的想象。

　　跨湖桥人在湘湖谷地生活了近一千年，直至遗址被海潮整体吞没。那么，跨湖桥人到哪里去了？

　　杭州的一家报纸当年在报道跨湖桥遗址时曾用过一个耸人听

闻的新闻标题，大意是跨湖桥人沉入海底消失了。这显然是个误解，遗址扛不走，人还是长着腿的，除非这是一场发生在夜间的海啸般的突发性灾难。但在学术上，跨湖桥文化的去向，确实是一个谜。

从内涵的比较看，跨湖桥文化与地处湖南的石门皂市下层文化有文化因素上的相似，但这至多证明两者存在联系与交往，没有证据表明跨湖桥人从"湘湖"迁到了"湖湘"。江苏顺山集遗址也发现跨湖桥类型的遗存，也是同样的性质。这些遗址的年代与跨湖桥遗址基本重合，不能对跨湖桥人的去向提供答案。钱塘江上游地区的浦江上山、龙游荷花山、嵊州小黄山等遗址中，均发现了跨湖桥类型遗存，也只能反映跨湖桥文化的分布范围，与人群迁徙，尤其是跨湖桥人的最后去向无关，因为这些遗址的年代也不比跨湖桥遗址更晚。

河姆渡文化晚于跨湖桥文化，区域又相邻，将其解释为跨湖桥文化的传承者最为合适。河姆渡遗址出土的骨木器，与跨湖桥文化多有相似；但最能体现一个人群生活习惯和审美趣味、可塑性最强的陶器，差距却很大。河姆渡文化精美的猪、鸟等动物雕刻，也并非源于跨湖桥文化。更何况，在杭州湾遭遇海侵的大背景下，姚江流域也不是适合生存的迁徙方向。——河姆渡与跨湖桥的年代并不衔接，有一定的年代间隔。从这一点看，河姆渡文化是杭州湾地区环境重新稳定后，才发展起来的。

　　跨湖桥人的迁徙之谜，或许真的要从独木舟的行踪中寻求答案。或许，在生存环境恶化的前夕，他们乘着独木舟漂洋过海了？南太平洋群岛中，生活着一群以独木舟为最重要交通工具的土著人，称为南岛语族。南岛语族保留着中国东南地区许多史前文化习俗，学术界公认他们就是大陆迁徙过去的。能够制造独木舟的跨湖桥人，莫非就是他们的祖先？

　　这实际上也是最发人深省的历史之谜。果真如是，那将是跨湖桥文化对人类文明史最伟大的贡献了吧！

祇园余事

The Memories of Zhi Yuan

萧山有一条老街名叫体育路，从体育路西端的一条弄堂进去，有一处静谧的所在：祇园寺。祇园寺始建于晋，历代屡有毁修，明代称为江南第一名寺，香火旺盛。但到了二十世纪末叶，虽刹宇依然，但东侧厢房已被拆并为体育路小学的操场，寺院主体成为一处文物保护单位。萧山博物馆的馆址就设于祇园寺内。

在整理跨湖桥遗址出土文物和编写遗址发掘报告期间，我一度长居祇园寺。宿舍于西侧钟楼，开始在底层，后又转移到二楼。

文保单位与博物馆，均有规定的安保要求。院里饲养着两只大狼狗，晚上放出来巡视守护。博物馆要求我们晚上七点后只能待在钟楼里不能出来，但这显然严重侵犯了我们的自由，后来大狼狗被限制在中大殿之内，我们才获得晚间出来到街上走走的机会。

与我一起在祇园寺工作、生活的是几位技工。

技工是跨湖桥故事的主角。中国地大物博，历史悠久，地下保藏丰富，但考古"正规军"数量少，远远不够用，只有在技工的参与下，才勉强维持着日常的发掘、调查和勘探工作。这些技工大多都有一技之长，或善于绘图，或长于文字。这些农村知识分子失去了继续求学的机会，又不甘于平淡、贫困，出来挣点工资，发挥一下自己的特长，做技工就不失为一种选择。但技工在"编制"之外，直白地说，他们是一群特殊的"打工者"。他们外出为的是养家糊口，同时又与学术发生千丝万缕的联系。考察这批"打工者"的心路历程以及他们与考古史的特殊联系，或许是既沉重又感人的话题。这里只说一件事、一个人。

2002 年 5 月 19 日，"十大考古新发现"的喜庆尚未散去，祇园寺却发生了文物"失窃"事件。那天我们准备撤离萧山，临时去浦江整理一批考古资料。按照惯例，离开前必须将文物清点封存。这天上午，我安排一位年轻技工进行文物登记，预备下午核点后，一起离开祇园寺。但就在核点的过程中，我发现一件骨针和一件钉形骨器不见了。

这可是文物。我不敢怠慢，在反复找寻无果后，只能选择上报，最后惊动了公安机关。十三天后，案子水落石出，原来就是这位年轻技工把文物"藏"起来了，近乎一场恶作剧。

这件事让我深受折磨，因为事情的起因与我有或多或少的关系。但这又是为什么呢？案子发生后，这位技工成为重点怀疑对象。在很多天里，作为一种责任和任务，我一直陪着他吃饭、睡觉。有一天我打来饭菜端到他的桌前，他有些动情地说，其实我们对他很好，话语中已经有了破绽，但我实在不愿将案子与他联系起来。

我后来反思，一个将考古作为事业来追求，另一个只是想谋份工资，两者的工作心态是完全不一样的。我以专业的要求，让他日复一日从事枯燥的工作，从心底里讲，是想好好培养他，但他被隔绝在"体制"之外，前途和学术注定是两条不能相交的平行线。技工的这种真实心态很容易被忽略。是否是跨湖桥遗址荣获"十大考古新发现"的表面风光刺激了他？这是一件虽然后悔莫及但即使重来也未必能够真正做好的事情。

但技工与技工之间，又是不一样的。有一位技工，陪伴我走过了跨湖桥考古的整个过程，后来因病去世，让我特别怀念。多年后的一个清明时节，我在龙游荷花山遗址考古工地。天淅淅沥沥下着雨，我和衣躺在床上，突然想起了他，有一种情难自禁的感觉，起来写了篇短文。现节录于此，就算对考古生涯中一些人事的无奈以及无穷惆怅的表达吧。

一直将他的名字写为海真，后来发现他自己写的却是海珍。谁错了呢？我相信起初确实是"真"的，后来改成"珍"，或是张君的秉性所致。海真给人的印象是个粗人，工作服上永远是斑斑点点的石膏泥，实际上却是内秀而文雅的人。这一判断有两点证据，一是他老家厅堂里挂着两位西安技工画的山水画，装裱在镜框里，为山村农家平添几分书香。二是他爱画画，宿舍的墙上贴着临摹的彩墨美人画。谈不上技法，同事开他的玩笑，我却感觉他很认真。尽管基础不好，海真爱学习。我曾建议他做个多面手，除陶器修复外，也绘绘器皿图、练练书法，他居然也照做了一段时间。这样一个人，试图将自己的名字改得更好些，是符合他的心性的。

忘记海真的忌日具体是哪天了，好像两三年过去了吧？静下来，时常想起他。海真到所里大约是1992或1993年，文化厅里有个亲戚介绍他来，他的愿望是某一天能够转正，进入编制。与他正式共事，应该是北仑沙溪遗址发掘，接着又一起发掘了桐乡章家浜、余姚鲻山等遗址。后来结婚盖新房，他回了老家建德。新房盖好，他却由于劳累生了肝炎，就较长时间没有出来。1999年诸暨楼家桥遗址发掘，我把他叫出来，多半是出于关照：这样的身体，干农活肯定更加不宜。我也生过同样的病，并没有传染给家人，因此倒真的并不特别害怕被传染。从此，我们一起工作了4年多。这4年多的时间，我们一起经历了浙江考古史上值得写上的一页，我们发现了上山遗址、发掘了跨湖桥遗址。海真有功，他的工作甚至充当了其中的某些关键环节。

海真最具体的功劳，我以为是跨湖桥遗址陶器的修复。在萧山祇园寺空旷的前大殿里，一个人默默地在铺满地面的陶片堆里来回穿梭、大海捞针般地试图拼合支离破碎陶片的身影，是海真在我脑海里的最深印象。

那是 2001 年的秋冬季节，跨湖桥遗址第二次发掘结束，考古队到萧山茅草山遗址发掘，只留海真一个人在祇园寺继续修复跨湖桥遗址陶器，我则来回于发掘工地与祇园寺之间。每次来到祇园寺，都会对海真的修复成果感到无比欣喜，同时又常常对着一件新颖特殊的器物残体，半央求、半命令地说："海真，你得把这件器物修起来！"海真憨憨一笑，下一次过来，果然一件让人怦然心动的曼妙陶器，揉着斑斑点点的石膏，立在文物架的显著位置了。跨湖桥陶器的成功修复，是 2002 年春"跨湖桥遗址学术研讨会"成功召开的重要基础之一。

我们一起在萧山度过了最长的时间。两人一起住在祇园寺的钟楼里，红漆柱子间不整齐地摆着几张简易床。总是出现不断重复的机会，让我们靠在简易床上默默相对。日记中记录了当时的一些感触：

有一种感性叫考古，有一种倾诉叫孤独。与我共事的有一位技工，他姓张，主要做一些陶片的拼对和陶器的修复工作。他很沉默，但很细心，很耐心，……在无数个日子的饭余或睡前，我们有无数个默默相对的片刻，这值得回味的片刻往往又落在可将心事浸湿在空气中的深秋。冷风总是试图挤开无法关紧的窗户，吱吱嘎嘎的，斗室一片沉寂。无意中瞥他一眼，他总是咬着一根牙签斜依在床上，像一尊会活动的雕塑。

2003年后，我们便没有再在一起工作了。有一段所里安排他去凤凰山工作站值班。他将妻女接过来，因此免除了长年分离之苦，其乐融融地生活了一段时间。院子里养了成群的鸡鸭。后来听说工作站不许圈养鸡鸭，他忍痛处理了一群小鸡小鸭。再后来，他又出去做考古了。小黄山遗址的大批陶器，也是他修复起来的。

海真喜欢搓麻将，可惜这样的机会并不多。他还有一个爱好，是饮点小酒。在病未痊愈的楼家桥遗址发掘期间，他就开始喝一点了。不多，几个人一两瓶啤酒，其实也就浅尝辄止，夏天润润口罢了。后来在别的工地相聚，也高兴地喝过几杯。我不知道这些小酒是否成了导致他后来肝病恶化的因素。穷病富养，海真的条件不允许。所里曾为几个技工发了点保险费，让他们自己参加伤病保险，结果他拿了钱，却并没有参保。海真要强，后来又生了第二个女儿，经济压力可想而知。听说在他去世前几天，还在家里因什么事重重地打了小女儿。温和的海真，很难想象他当时在想什么，责任、无奈、还是绝望？

愿海真安息。也祝福他的两个女儿健康成长。

发现上山

————

THE DISCOVERY OF SHANGSHAN

奆塘遗踪

Searching into Kuotang

2000 年 9 月 21 日，我在浦郑公路一个叫李源的地方下车后，跟着浦江博物馆芮顺淦馆长步行约一千五百米，来到奆塘山背遗址。

芮馆长所说的奆塘山背，属于浙江省金华市浦江县黄宅镇渠南行政村，奆塘山背是其中的一个自然村。二十世纪八十年代初，在一家村办砖瓦厂取土过程中，意外发现了遗址。

在村南头的道路边，立着一块"奆塘山背新石器时代遗址"保护石碑。我第一次见识这个奇怪的奆（kuò）字，字典上找不到，意为不直。原来，村子中间，有几个水塘，弯弯曲曲，似连非连，因称奆塘。遗址位于奆塘的东边。

从地图上查看，这里正处在一个地瓜状小盆地的中心位置。浦阳江发源于浙江西境的天灵岩，在龙门山脉的北山和南山之间从西南向东北穿过，其间接受大小支流的汇入，形成一个半封闭的浦江盆地。盆地之中分布着一些低矮起伏的土丘。这些土丘由下蜀黄土、网纹红土堆积而成，属风成土，在数万年前的晚更新世，由遥远的黄土高原"吹"到这里。随着全新世温暖气候的来到，这片肥沃土壤孕育出茂盛的温带—亚热带植被。这样的优越环境，诱惑了猪、牛、鹿等无数的野生动物以及河里的各种鱼类，也吸引了人类来到这里生存繁衍。

不断升高的气温，融化了龙门山脉的冰雪。冲决而出的溪流，在不断冲刷土丘的同时，也塑造了浦江盆地。因水土下切而彼此分割的土丘，成了地质学家眼中的二级台地。一个一个冠之以"宅"的现代大小村落，就坐落在这些二级台地上。曾经恣肆于台地两侧的大小溪流，在无约束的泛滥改道和人类活动过程中，大多废湮淤塞。眚塘，正是这一过程的遗迹。

我们的考古调查从眚塘开始，可谓切准了历史的脉络。正是这条行将消失的古河道，引导我们走向了万年上山之路。

2000年9月22日，我带着两位技工正式进点渠南村。在县博物馆老方的协调下，我们在村支书周来水家住下来。工作的第一步是在遗址保护碑南侧的葡萄园进行试掘，但并未有发现。第二个试掘坑转移到村口的道路边，终于发现了文化层。出土陶片虽然十分破碎、保存较差，但还是能够辨认出鱼鳍形鼎足，具有良渚文化特征。由于遗址被村庄挤占，没有进一步工作的余地，对这一县级文物保护单位本体的调查也告结束。

接着，考古调查队按既定的方案，在遗址的周边展开调查。

查塘的西边有一辟为耕地的低平土丘，面积约四五亩（一亩约为六百六十七平方米），高出周边的水田一米多。时值中秋，土丘上生长着油菜、萝卜、甘蔗、番薯、荞麦等植物。我们向村民适当赔偿了青苗费，就在土丘的中部布了一个一米见方的小探坑。由技工张海真负责发掘。

两天后，张海真打来电话，告知在探坑里发现了一件完整的陶鼎。我怀疑有墓葬，就赶紧从诸暨另一个调查点过来，经过小心的清理，除陶鼎外，又陆续发现陶罐、陶豆等器物，均具有良渚文化特征。由于探坑太小，无法确定墓葬的边界，就当即进行扩方发掘，终于确定了长方形的墓穴。

这一发现让我又惊又喜：区区一平方米的范围内居然"网"到了一座墓葬，是否表明这里存在着一个密集的埋葬区？当时浙江考古界对良渚文化是否过钱塘江尚有争论，如果在这里找到了良渚文化的墓地，不就可以了结这场争论？

这可是个大发现！

一时间，我把考古调查队的主要人马都调到了查塘山背。通过扩大面积的探掘，不久又发现了十座墓葬。后来还发现了玉坠、玉管、玉钺等随葬品，这里果真存在着一个良渚文化墓地。这个墓地是查塘山背遗址的一个部分。从分布看，遗址区在查塘的东边，墓地在查塘的西边。如果这就是当初的聚落布局，那么，查塘所属的古河道，至少在距今四千年前就已经存在。良渚时期的先民们临水而居，将墓地营筑在水的另一方，呈现一种有特色的聚落模式。

墓地的发现让我们信心大增。由于类似土丘在周边还有分布，我们决定扩大调查范围。第一目标即是村庄北部的一个土丘。

在与村支书周来水的交谈中，我已经了解到渠南行政村包括多个自然村，查塘和山背是其中最大的两个。当我站上村北的这座土丘时，第一时间将其与山背的地名联系起来，因为这里地貌的隆起程度更高，像个山背。土丘之上是一丘一丘的田块，西北角建了一个电机抽水站。但由于灌溉成本太大，村民已经放弃了稻作，改种各种各样的蔬菜、旱粮作物。

我们随即在土丘西侧的一片萝卜地里，简单布下一个小探坑，这一次居然又挖到了新石器文化层。11 月 15 日这一天，负责探掘的郑建明在探坑里将一片刚刚出土的陶片递给我看，这是一片盆形陶器残片，胎较厚，外有红色的陶衣，内胎夹炭呈黑色，与查塘山背墓地随葬陶器完全不同。夹炭红衣的特征，勉强可以与河姆渡文化相联系。遗址的年代，暂定为距今六七千年。

日记里，我一度将这个遗址叫作山背遗址。后来弄明白靠近遗址的自然村叫姓周，不是山背村，才觉定名不妥……后来，当然就叫作上山遗址了。

至此，浦江考古调查告一段落，成果可谓巨大。那些天里，我的心情可以用踌躇满志来形容。但应当承认，当时并没有特别重视上山遗址。究其原因，除了年代判断有误，主要还是受到眢塘山背遗址的影响，可以说，眢塘山背墓地所带来的兴奋，掩盖了上山遗址的发现。

自从良渚反山、瑶山墓地发现之后，墓葬在考古中的重要性被提到一个新的高度。杭嘉湖不但是浙江考古的中心，也成为浙江考古的样板，"边缘"地区的考古工作，不自觉地会以杭嘉湖作为衡量标准。眢塘山背墓地显然靠近了这样的标准。从发现墓地的那一刻起，我就开始酝酿2001年的发掘。发掘计划中，自然将上山遗址包括在里面。我的想法是，只要考古工作能够进行下去，上山遗址的年代、性质终会水落石出。记得在填报发掘申请书时，考虑到国家文物局不太会批准发掘两个遗址，我就将上山遗址写为眢塘山背的"北区"。可以说，这是以遗址性质模糊为借口，有目的地打了一个擦边球。

上山遗址正式定名，是在2001年发掘的结束阶段。当时遗址的文化面貌更清楚了，应该起一个正式的遗址名了。但再三访问，遗址所在高地居然没有独立的小地名。叫什么遗址好呢？渠南遗址不确切，村里已经有了眢塘山背遗址，有指代不明之嫌。村支书老周看我为难，就说西北不远处有个叫"上山堰"的老地名，我琢磨

着，那就将就着叫吧。但"上山堰"会产生都江堰的联想，不适合

称呼一个史前遗址，后来就把堰字去掉，叫上山遗址。

当然，上山遗址的正式叫响，是在 2003 年遗址年代测定数据

公布之后的事了！

　　现在回过头来看，上山之名别有意味。记得严文明先生在一次会议上，打趣说浙江的遗址名很有内涵，从美丽小洲出发（良渚），过一个渡口（河姆渡），跨一座桥（跨湖桥），最后上了山（上山），形象地呈现一条通向远古的诗意路径。

但我知道上山背后有个"上山堰"。我至今也没问明白"上山堰"到底在什么位置，村民似乎也并不十分清楚，它似乎就是一个传说。顾名思义，有堰必有溪、必有河，但遗址的西边并没有河流啊！

我私底下揣摩，这条看不见的河流，可能就是畚塘的原型。上山遗址西侧断崖，明显曾受到河流的冲刷侵蚀，此处正处在畚塘向北的延伸方向。我们在断崖底下打了一条探沟，农耕层下面都是沙滩地，这是古河道的遗留。

这条古河道的形成年代晚于上山遗址，早于畚塘山背遗址，后来逐渐淤塞湮灭，只剩下了断续的畚塘。"上山堰"应该就存在于这条古河道的某个阶段……

这就是历史的沧桑变迁吧。

大口盆与石磨盘

Basins and Grinding Stones

2001年元宵节刚过，考古队进居渠南村。萧山跨湖桥遗址的发掘必须五月进点，留给蜈塘山背、上山遗址发掘的时间只有三个月。发掘一南一北同时进行。

蜈塘山背是作为大墓地进行发掘工作的，因此从一开始就大面积揭露。上山一开始则仅开了一条一点五米乘九米的东西向探沟，以图对遗址有进一步的了解。

南区的发掘没有预想中顺利。墓葬填土与生土差别十分微小，辨识工作十分艰难。上半年多雨，也给野外工作带来影响。但凡事总会有相反一面，经过多场雨水的浸润，墓葬填土反而看得分明了。上山发掘进入状态更快些，探沟进入新石器时代地层后，很快发现两条整齐而平行的遗迹线，我一度以为找到了更早期的墓葬，因此立即决定扩大发掘面积，布下十米见方的探方四个。

　　疑惑与惊奇，随着发掘的进行，慢慢积累着。虽然当时对遗址的年代判断存在相当大的偏差，但一种神秘之力，犹如太阳黑子，在吸引和吞噬我们的直觉。

　　一天，浦江博物馆芮顺淦馆长来到工地，他的目光被一片夹炭红衣陶吸引住。这是一件陶盆的残片，此刻正静静地躺在文物架上——为接纳期待中更多的眚塘山背随葬品，我破天荒让木匠做了两个文物架。鲜红的陶衣和漆黑的陶胎裸露在空气中。他端详许久，提议不要将这件器物用石膏复原，认为残体更美、更适合博物馆展示。无疑，他是从美学的角度去看待这件标本的，他是一个画家。但从后来所呈现的事实看，我情愿理解为黑魆魆的陶器残口，散发出一种神秘的气息，而被他感知了。在陶器的胎土中，羼和着密密麻麻破碎了的炭化稻壳。这些稻壳遗存与一万年的测年结合在一起，构成了一个重大的考古事件：不知不觉中，我们发现了世界上最早食稻米的部族！当然，这是后话。

　　这件陶盆，我还是让技工用石膏修了起来。我首先关心的，还是遗存的性质。它属于哪种考古学文化？器物最能体现文化特征，其中又以陶器最具敏感性，因此必须尽可能复原器物的完整形态。

　　这件陶盆的形态为敞口圆唇，斜腹平底，单耳，厚胎红衣——这是考古学的标准描述，我更愿意名之为大口盆。大口与敞口，一字之差，而后者似乎更贴切，但在总体特征的把握上，前者更为传神。这件陶盆口径近五十厘米，造型厚重，前所未见，不取个富有个性的器名，不足以体现它的独特性。

如果只是个别发现，大可不必深究其存在意义，但从出土的情况看，大口盆数量不少，应该是上山遗址最具代表性的器物。在浙江地区，以良渚遗址、马家浜遗址、河姆渡遗址为认识之窗，已经建立了以钱塘江为分界，北部马家浜文化—崧泽文化—良渚文化、南部河姆渡文化的序列框架，陶器无疑是这一序列框架的主要构件。那么，上山遗址能够进入这个框架吗？

作为一种惯常的处理方式，钱塘江以南的新石器遗址，往往笼而统之"塞"进河姆渡文化序列，但这只是考古工作尚有不足的权宜之计。苏秉琦在论述"六大区系"时，"以太湖为重心的东南部"一块，除了宁镇、杭嘉湖、宁绍等之外，还特别列出了金衢、瓯江两地区，给这些未知区域文化面貌的探知留出了余地。不久前发掘的诸暨楼家桥遗址，文化面貌差强可划归河姆渡文化，上山遗址同属浦阳江流域，但在行政区划上却划归金衢，这里还属于河姆渡文化分布区吗？

显然，以夹炭红衣大口盆为代表的上山陶器与出土绳纹陶釜和大量鼎足的楼家桥陶器完全不同。到底谁早谁晚？怎样认识这种早晚关系？当时，浙江考古界存在一种根深蒂固的老观念，认为"边缘地区"的新石器文化，要落后于"中心地区"。所谓"中心地区"，当然指的是杭嘉湖和宁绍。那么，上山遗址粗厚的陶器特征，是否就是落后的具体体现？

现在看来，所谓的"中心""边缘"，完全是将史前文化与史前考古混为一谈。杭嘉湖、宁绍首先是史前考古的中心区域，而不是史前文化的中心区域——起码在早期不是。浙江考古力量主要聚集在省会杭州，杭嘉湖和宁绍距杭州近，便利条件多，工作开展早。而金衢等地区，受到交通、经费等客观条件的时代局限，工作较为薄弱，有许多空白需要去填补。

也正是有了"填补空白"思想的缓冲，我得以暂时免却对上山遗址年代、性质认识上的过分纠结。发掘期间，我们定下的目标首先是积累资料，并没有刻意去追究大口盆的原委，但这样的惰性延宕，总是难逃来自不同方向的敲打和冲击。因为真实是考古的唯一追求。

有一天，浦江摄影家，也是老文物工作者的张文晖先生来参观遗址，他对遗址出土大量石球感到好奇，询问其功能，我勉强解释为用于抛掷的狩猎工具。张老先生十分感兴趣，我们两人一起畅想了原始社会生活方式的种种不可思议。过后我不得不逼问自己：为什么在宁绍地区的其他遗址中，没有发现如此丰富的石球？上山遗址特殊性的原因何在？

　　除了石球，遗址中还发现数量较多的磨石。之前，我习惯将这类磨石笼统称为砺石——一种用来磨制骨、石器的石器。牟永抗先生曾对这种磨石作过观察与分类，认为河姆渡遗址中部分磨石不是砺石，而是石磨盘——一种食物加工工具，并从富裕采集经济的角度进行了证述。而上山遗址出土的磨石块头大、石质粗糙，石磨盘的概念由此一下子跳入我的脑海。这类石器所体现的原始生业方式，从宁绍移用到金衢，是否更为合适？金衢史前文化的原始性或落后性，是否应该从这个角度去理解？

　　有一件长度达七十厘米的石磨盘，由于太笨重，磨痕也不显，技工一度将其弃置野外，后来我将它重新抬回室内。一个村民看到我们如此厚爱这粗陋不起眼的石头，说起多年前他在菜地里也挖出过一块，取回家一直作为腌制咸菜的压缸石在用，我听闻后立即到他家里查证了这件石磨盘。

　　可以认为，对石磨盘和石球的追踪和盘问，是我探索上山遗址之谜的真正开始。

　　夹炭红衣陶、大口盆、石球、石磨盘，这些碎片化概念的逐渐拼合，终于将上山遗址聚形为一个完整问号。

　　那么，打开上山迷宫之门的钥匙，又在哪里？

时间之魅

The Beauty of Time

2001 年，人类需要认真思考的是时间。

末世情结刚刚平息，"2012"的预言尚未到来。对于我来说，时间却在急遽膨胀中。

当然，那是在荒芜已久的时间的另一端。

先以穿越方式插入一个小故事。

那是 2005 年的一个秋日，一位日本游客来到上山遗址发掘现场，他请求跨进探方体验片刻。经允许后，他小心翼翼地踏入我们揭露出的地层面，闭着眼睛沉吟片刻后，颇为夸张地大声宣言：我站上了一万年前的土地！后来我经常思考赫拉克利特那句"人不能两次踏入同一条河流"的名言，如果时间也是一条河流，不知这位日本客人是否会认同希腊先哲的这一观念？

类似的情景其实在考古中经常遇到。比如，遗址发掘出来的除了文化遗物，还有许多的自然石块，有参观者捡起来握在手中觉得不可思议，痴痴地说：这可是几千年前的石头啊！这时我会善意地提醒他：你抓着的石头可能有几千万年、上亿年了，路边随便捡块石头，都比我们发掘的遗址要古老！但这样的解释往往不奏效。唯有考古，才能唤醒你的时间感；唯有考古，才能将人们的思绪导入时间之河。时间是抽象的，又是具体的。天文学教授畅谈宇宙之广袤和深邃，但真实感和神秘感永远不及阿波罗号宇航员在月球表面的轻轻一踩。

考古所触及的时间，虽不及恐龙时代，但却是人类曾经抵达之所在，这种感同身受的属人温度，确非顽石所能替代。

向我展示 2001 年时间之魅的，首先是跨湖桥，但最后扯开时间铁幕的，却是上山遗址。

5 月下旬，我们从浦江匆匆撤出，前往萧山发掘跨湖桥遗址，那里才是我们梦想向时间发起冲击的所在。河姆渡七千年，它所揭示的历史写入了中小学历史教科书，也成为浙江考古的荣耀。坐落于孤山侧翼的浙江省博物馆，曾以七千年为主题，向西湖的游客展示了江南文明的独特分量。但几十年如一日的渲染，也将人的想象力限制在七千年的时间半径内，而跨湖桥遗址有希望突破这一封禁。

如前所述，跨湖桥遗址的再次发掘可谓圆满，但遗憾的是，依然有很大一部分专家不信任跨湖桥遗址的测年，这让我困惑不已。

考古测年最常用的是碳-14测年法。碳-14作为一种放射性元素，均衡地存在于自然界各类生命体中，一旦生命体死亡，碳-14就会因衰变而降低，每经过五千七百三十年，碳-14原子就降为原有水平的一半值。通过动植物亡体中存留的碳-14放射性水平与它的原始放射性水平的比较，就可以算出其死亡的年龄。但在实际的操作中，考古样品的纯度、野外提取及实验室操作过程中受到的污染，都会影响样品测年的准确性。

难道跨湖桥遗址样品也存在被污染的可能？为解除心头之惑，我设法与北大碳-14实验室的吴小红博士取得联系，向她讨教碳-14测年的原理及技术问题。在一次通话中，我顺带提起了对上山遗址年代的疑问以及缺乏合适样品进行测年的遗憾。吴博士听说上山遗址有夹炭陶片，就向我介绍可用少量碳素进行测年的加速器技术，建议用夹炭陶片进行测年。

在这之前，我只知道碳-14测年对样品量——木块、木炭——的较高要求，没听说过这一新的加速器测年技术，也从未想到夹炭陶能够测年。因此吴博士提供的信息，让我十分惊喜。可以说，如果没有跨湖桥遗址断代之惑的困扰，我不太可能与吴小红博士通这个电话，上山遗址也就有很大可能失去——至少会延期——测年的机会。从这个意义上，跨湖桥的年代问题拖延多年，冥冥之中竟似乎是专为等候上山遗址的到来。

2002 年的 6 月上旬，"2001 年度全国十大考古新发现成果汇报及表彰会"在杭州举行。会上，我请托曹兵武先生，将上山遗址的四个夹炭陶样品带到北大。为了节省费用，后来我又特地打电话给吴小红博士，告诉她四个样品只要选两个就可以了。

2003 年元旦刚过，我还正沉浸在跨湖桥遗址独木舟发现的兴奋和忙碌之中，吴小红打来电话，告知上山遗址的测年结果已经出来。按照规矩，需先将测试费寄过去，方能回寄数据。我似乎听出了话中有音，按捺不住打听结果，吴博士透露数据为八千多年，并告知四个样品都测了。得知这些数据并未经过树轮校正后，我暗暗吃惊，但没有多问，请财务室汇寄了两个数据的测试费。1 月 27 日，测定数据寄来了，最早的达九千六百年，另一个为八千七百年。我惊讶不已，想起还有两个测定数据没有发过来，并且数据没有经过树轮校正，当即打电话向吴小红求助，吴博士被我的情绪感染，十分高兴并愿意免费奉送两个数据作为对上山遗址的贺礼。几天后，一封来自北大考古文博学院的信函飘然而至，打开来，四个测年数据整整齐齐排列在一张白色的表格纸上，数据的早晚顺序与地层关系完全一致，树轮校正后约距今一万一千四百～八千六百年！这可比河姆渡遗址的年代早了三四千年，比跨湖桥遗址早了二三千年！

这是一个抓破脑袋也想不到的年代！它意味着中国东南地区的新石器时代历史将被彻底改写。可以认为，上山遗址年代的测定，才是上山遗址发现的真正标志。

从后来的发现看，上山遗址的年代，地层学也提供了佐证，因为遗址中既有跨湖桥文化层，又有河姆渡文化层。但对于一个陌生的遗址，发掘工作往往难以一步到位。客观的情况是，跨湖桥层恰好没有出现在 2001 年发掘区内，而河姆渡阶段遗存与典型河姆渡文化相差太大，陶片碎小、数量少，未能及时作出区分。这是认识过程中的客观局限性决定的。

2003 年 11 月 7 日，《中国文物报》头版刊登《浙江浦江县发现距今万年左右的早期新石器时代遗址》一文。

这篇报道在学术界的反响，充分体现在二十多天后桂林召开的"华南及东南亚史前考古——纪念甑皮岩遗址发掘三十周年国际学术研讨会"上。我成为这次会议的"知名"人物，在分组讨论时介绍上山遗址的发掘成果后，又作为重要报告人在大会上作了宣讲。中国社会科学院考古研究所朱乃诚先生绘声绘色地转达了浙籍考古学家吴汝祚先生对于上山遗址发现的兴奋之情。可见考古界对上山遗址发现的重视。

上山遗址与跨湖桥遗址一起，为中国东南地区的新石器考古打开了一片新的天地。

对于人类而言，思想的空间又膨胀了一个维度。不知这是诗

人之幸、哲学家之幸，抑或仅仅是考古学家之幸？

不公平竞争

Unfair Competition

上山遗址的发现，让我踌躇满志又惴惴不安。入选"十大考古新发现"刚将跨湖桥遗址推向一个公共注意力的高潮，我们正乘势酝酿跨湖桥文化的命名。作为一个田野考古者，这已足够幸运，怎么又来了一个上山？可谓八千年尚未平息，一万年踏浪而来。这不是"大跃进""放卫星"？当时确有一种腾云驾雾的不真实感觉。

浙江省文物考古研究所的领导和部分同事，在且惊且疑中接受了这一信息。2004年夏，学术委员会专门召开会议，讨论上山遗址的进一步工作计划。会上出现两种意见：一种意见强调"重要"，认为应该采取小心求证的方法，发掘面积宜小；另一种意见强调"新"，认为要对遗址作更全面的了解，发掘应当有适当的面积。

我采纳了第一种意见，理由有三：一是应当慎重对待这一重要的新发现，特别应该对地层进行一次检查，以期将发现建立在更可靠的基础上；二是从保护的角度，如此重要的遗址不应该盲目求大，考古界都同意，发掘其实也是一种破坏；三是可以慢慢来，从河姆渡到跨湖桥、上山花去了几十年的时间，上山遗址应该有足够的时间从容消化。后来的事实证明，我犯下了一个大"错误"。

2004年10月，我完成《跨湖桥》考古报告的校对工作从北京返杭，立即实施上山遗址的第二期发掘。参加发掘的有技工张农和李佑生，发掘的实际面积定为十六平方米。

发掘过程称得上"精雕细琢"。我们几乎对每一块石头和陶片都进行了采集，最大的收获是发现了较丰富的打制石器，这是2001年发掘所没有关注的遗存现象。这不是年代的一种证明吗？上山遗址具有旧石器时代向新石器时代"过渡特征"的观点，就是这个时候提出来的。

心里有了底气，我趁2004年12月萧山召开"跨湖桥遗址学术研讨会暨《跨湖桥》报告首发式"的机会，向专家们发出了邀请。严文明等先生专程来到浦江，参观了发掘中的上山遗址。严先生充分肯定了上山遗址的年代及价值，这给了我，也给了地方政府一个很大的支持和鼓舞。

2005年元旦前后，天下了一场旷年未见的大雪。雪尚未化去，浦江县赵县长兴冲冲地赶到遗址现场，希望立即召开新闻发布会。1月20日，以浙江省文物局和金华市浦江县政府的名义，我们在浦江博物馆召开了上山遗址新闻发布会。如果《中国文物报》的报道只是针对业内受众，那么，这次新闻发布会等于是昭告了天下。各路媒体争相报道，日本朝日新闻社专程前来采访，上山遗址知名度大增。

这年的冬天十分寒冷，但我们的考古热情更加高涨。新闻发布会后，我们又增加了三个小探方，发掘在霜天雪地中向前推进。我日记中写下了一首打油诗，大致描绘了当时一种积极、乐观的探索状态：

霜如雪，

工地待日出，

又恐足下泥半截，

今日不得歇。

雨靴配阳笠，

考古队员称一绝。

刨土惜三分，

打探地层听消息。

但这种浪漫的情绪，不久遇到了沉重的一击。2005 年初，嵊州小黄山遗址发现了！

小黄山遗址位于浙江省绍兴市嵊州市甘霖镇上杜山村。与许多新石器时代遗址一样，小黄山遗址也有过令人遗憾的遭遇。二十世纪八十年代就被发现，但年代不明，也就没有受到重视，后来因砖瓦厂取土而遭到严重破坏。这一次，浙江考古所王海明先生因曹娥江流域考古调查来到嵊州，嵊州市文管办张恒先生将他引到小黄山，由于出土陶器中存在类似上山大口盆的夹炭陶片，当即受到特别的关注。

我是在这一年春节期间，听到了小黄山遗址的消息，但从心底里排斥它的真实性。年代接近上山？那可是万年遗址啊，怎么能接二连三被发现？但事实证明，我大错特错了。万年遗址固然罕见，在钱塘江流域却并非难得。在后来的十年中，我们通过专题调查，陆续发现了上山文化遗址十多处。与小黄山遗址一样，其中部分遗址——包括著名的仙居下汤遗址——早在几十年前就为文物工作者所知，无非是因为不认识而没有受到足够的重视。可见所谓"发现"，并不是肉眼"看见"，而首先是一种认识的突破。

无疑，上山遗址是这一系列发现的开端，是认识的突破点。

但遗憾的是，小黄山遗址"夺"走了上山遗址的发现之功。"2005年度全国十大考古新发现"的荣誉最后归属于小黄山遗址。

事情的原委大致如下：

2005 年，小黄山遗址大规模地铺开发掘。一般来说，发掘面积越大，遗迹、遗物就愈丰富，遗址就愈壮观、愈震撼。而这一年的上半年，我受拉楚布大学刘莉教授的邀请，赴澳大利亚作学术访问。回国后又承担了宁台温电气化铁路建设的考古调查工作，上山遗址因此暂停了发掘。当小黄山遗址捷报频传、嵊州市政府决定召开"小黄山遗址学术研讨会"之时，上山遗址在竞争中已经处在被动的位置。

12 月 19 日，我与单位同事一起前往嵊州参加会议，愉快地观摩了小黄山遗址发掘现场和发掘标本陈列，并发表了我对遗址内涵的认识。等到会议即将闭幕，主办方在宴席上分发拟定的新闻稿征求专家意见时，我看到文稿中"小黄山文化"命名的提议和表述，才对嵊州市的"野心"恍然大悟。这大大出乎我的意料，当即向浦江博物馆馆长盛丹平打电话通报此事，希望从浦江的角度对此施加压力，盛馆长在第一时间向正在宴会中的曹锦炎所长打了电话。

同样吃惊的估计还包括曹锦炎所长。因为不久前在长沙召开的全国考古所长会议上，曹所长在与一位熟人谈到我时，说了明年开会命名上山文化的计划，熟人为此还祝贺了我。这说明在曹所长的心里，上山文化是合乎情理、水到渠成的概念，这实际也是更多考古同仁的认知。小黄山会议试图命名小黄山文化，考古所长并不完全知情，说明举办方没有经过成熟的筹划，可能属于"灵机一动"、顺水推舟，借会议宾客举杯和谐之际烧一把热情之火。

考古学文化的定名有约定俗成的规矩。夏鼐在《关于考古学上文化的定名问题》中写道："考古学上对于原始社会的'文化'，大多数是以第一次发现的典型的遗迹的小地名为名。"小黄山因上山遗址的启示而发现，说明上山的典型性不容置疑。这种典型遗存第一次发现于上山遗址更是事实。非要将这一遗存命名为"小黄山文化"，估计除了并不在专业圈子里的当地官员，就连为小黄山遗址付出了辛勤劳动的发掘者，心里也未必踏实。

这种不踏实感在草拟的"小黄山文化"定义中是有所反映的。发掘者将遗存分为三期，早期属于上山偏早类型，中期为跨湖桥类型，晚期也是上山偏晚类型。有几点疑问至今尚未在我脑海里抹去：中、晚期的划分没有地层依据，这两类遗存分布在遗址中的不同区域，逻辑上可以倒置过来，后来确实作了纠正。但为什么要把明显属于跨湖桥因素的遗存归到中期？难道想用"小黄山文化"同时包容上山文化和跨湖桥文化？就如发掘者所表述的那样，想让小黄山文化"盘活"钱塘江以南诸考古学文化之间的关系？

但考古学文化概念无非是特殊遗存类型的一个符号，具有纯粹的客观性，本身不服从于具体的学术问题，"盘活"与考古学文化命名是两个层次的问题。另外，在会议的准备资料中，中期的年代是九千年，那小黄山与八千年的萧山跨湖桥遗址是什么关系？令人费解。如果非要探究这些问题的答案，我以为还是小黄山遗址从发现到发掘，再到会议召开的时间过程太仓促、太赶，发掘者对跨湖桥遗址和上山遗址的借鉴不足，以致在资料消化上出现了问题。这些问题构成"小黄山文化"概念的学术软肋。

但在当时，这些软肋无足轻重。只要媒体一宣传，政府一包装，就成了客观事实，这是互联网时代的特征。在这样的情势下，我只能尽我所能进行抗争。记得从嵊州回杭途中，会议安排的车辆中碰巧坐着几位大报的记者，于是我做了一路的祥林嫂，喋喋不休地诉说命名"小黄山文化"的不合理之处以及上山遗址的冤屈。这么做可能起到了客观的效果，这几位记者在刊发新闻稿之前，专门就"小黄山文化"问题向考古所主要领导征询了意见，所领导作了尚未正式命名"小黄山文化"的回应。次日的新闻中，除了绍兴、嵊州的媒体，"小黄山文化"并没有在更大范围内传播，生米也就并没有煮成熟饭。

我至今依然还能痛感2005年小黄山会议至2006年上山会议近一年期间日复一日的揪心和挣扎。虽然"小黄山文化"暂时搁置下来了，但只要上山文化一天不命名，考古界就存在着选择"小黄山文化"的可能。就学术来说，考古学文化如何定名非关本质，但对于具体的考古人员，却存在公平与不公平之处。任何考古发现，都是偶然中有必然，包含着发现者心血和智识的参与。如果外界只看到遗存的客观属性，而无视发现过程中的主观努力，那就是对工作个体的不尊重。自己辛苦生养的孩子就要被人领走，这大约就是我在那段时间里最真切的感受，虽然现在听起来有那么一点的狭隘。就客观效果来讲，文化命名也决定了一个遗址命运。后来上山遗址先于小黄山遗址建设遗址公园，可见文化命名在地方政府对遗址保护利用决策过程中的巨大影响。

一晃十多年过去。闲暇之余，我有幸经常在上山遗址公园里漫步、参观。公园中的一草一木、一器一坑，都像是跳动着的生命体，会围着我七嘴八舌讲述曾经的故事。这应该是我考古一生中最感快慰的时候吧！

2006 年 11 月 7 日，有赖周昆叔先生、莫多闻先生、曹兵武先生的同心协力，浦江县成功召开了"第四届环境考古学大会暨上山文化学术研讨会"。在严文明先生、张忠培先生的主持和见证下，"上山文化"在这次会上正式命名。大约在半年前，小黄山遗址也荣获"2005 年全国十大考古新发现"之盛誉。可谓各有所得。但作为一种具有专属意义的考古遗存，命名权与发现权分离，总存在逻辑上的缺憾之处。

从学术史的角度，一切还得从上山遗址说起。

稻的证言

The Evidence of Rice

    大约从河姆渡遗址开始，我们在考古发掘时，养成了在陶器胎土中寻找稻遗存的习惯。这基于两方面的考虑：一是稻为农业经济证据，是重要的考古对象；二是在浮选技术没有推广之前，颗粒微小的稻粒在常规的发掘中很难被发现，烧结在陶胎中的稻遗存反而容易被观察到。

    这里需要介绍一下夹炭陶的概念，因为稻遗存往往掺杂在夹炭陶的陶胎中。所谓夹炭陶，又称为植物陶，就是陶土里掺拌进草叶类植物——包括禾本科的稻——经高温烧烤后，陶胎呈浓重的炭黑色。为什么陶土里要掺杂草禾类植物？惯用的解释是可以防止陶器开裂，因为植物纤维使陶胎更加坚韧。新的研究表明，夹炭陶相对于更常见的夹砂陶、泥质陶，散热性较弱，保温性较好，因此，夹炭陶更多用于炊器，如河姆渡文化的陶釜。

218　夹炭陶与稻遗存的关系看似明白，却容易混淆，并因此闹出笑话。1996 年我们发掘余姚鲻山遗址，在夹炭陶中发现了稻遗存，当地报纸前来采访。浙江方言中，陶、稻同音，结果记者误将夹炭陶写成夹炭稻，并把另一种没有掺杂稻壳的夹砂陶也写成了夹砂稻。这两种新"稻种"，估计让农学家丈二和尚摸不着头脑，但在陌生考古词汇的装点下，却成为一种稀罕的发现，畅销一时的《报刊文摘》还转载报道，令人啼笑皆非。

有过这样的教训，后来我倾向于不饶这个舌，懒得就夹炭陶中稻遗存的发现，向媒体介绍、解释。我认为这个不重要：稻遗存只是农业经济的象征，比如它在河姆渡遗址中被发现，能证明稻作经济的悠久历史。在时间更晚的遗址中被重复发现又有何意义？七千年前既已存在稻作，更遑论六千年前、五千年前！这当然是传统考古学观念下粗线条思维的产物，现在看来是错误的。稻的特征在不同区域、不同年代会有分化和变异，反映稻的自然属性和在被利用过程中的行为属性，这正是考古学，尤其是新石器时代考古所要关注的问题。

上山遗址陶器多为夹炭陶，掺杂稻壳，但因为上述陈旧思维，开始时并没有引起重视——谁又能想到这是万年遗址？待到测年结果出来，思维又被震惊和兴奋干扰，理性暂时丢失，以为万年遗址的重要性是天然的，而忘了之所以重要的根本原因。

第一次将稻遗存作为特殊的考察对象，记得是在 2003 年初夏
的一天。考古所几位领导、同事前来观摩上山遗址出土器物，一位
同事询问夹炭陶里有没有稻壳，我一愣，下意识地说有啊。就在那
一瞬间，我被自己的回答惊倒了！一万年前的稻米？当即意识到，
上山发现的重中之重，就是它了！

　　三十年前的河姆渡遗址，将栽培稻的历史，也将稻作文明的源头追溯到七千年前。这震惊了世界，日本人更是将河姆渡视为圣地。可不是？稻米至今养活了全球一半的人口，这是多么伟大的创造性事件！那么，上山遗址又将这个时间节点提前了三千多年，而这正是超越河姆渡遗址的不凡之处！

正所谓英雄所见略同。夹炭陶所蕴含的稻文化信息迅速点燃了学术同行的考古热情。最早提出合作意愿的是香港中文大学的吕烈丹博士。2004年，她委托合作者赵志军博士将一台浮选机运送到浦江，试图通过浮选技术，在土壤中获得更多的稻证据。赵志军先生亲自到发掘现场，指导浮选机的使用和浮选样品的记录方式。

当然，近水楼台先得月的，是我的同事郑云飞博士。郑博士仅从一片夹炭陶片，就准确抓住了上山遗址稻遗存的几个关键问题。首先，他测量了陶胎中保存较完整的稻谷印痕，根据相对饱满的粒形，提出了上山稻为栽培粳稻的观点。为了加强这一判断，他又通过对小穗轴和稻叶遗存的观察分析，确定了上山稻正处于驯化的早期状态。

上山遗址夹炭陶的稻遗存中，可分析出一种叫作小穗轴的残体。所谓小穗轴，即为稻颖壳与小枝梗的结合部。野生稻的谷粒在成熟后会自然脱落，采集者只需要拿篮子或口袋就可以将谷子收获。自然脱落，小穗轴的轴面是光滑的。而栽培稻，因人类在选种过程中的干预行为，穗粒的附着性逐渐增强，自然脱落机能退化，收获时需要将穗粒从枝梗上强行扯断，比如现代收割时使用了打稻机，这样小穗轴就出现了断疤。据此，小穗轴成为判断栽培稻和野生稻最为可靠的依据。上山遗址出土的小穗轴，部分出现了栽培的特征，部分保留野生的特征，可见处在稻驯化的初期阶段。

另一个观察是，上山遗址的稻遗存中，有稻壳与稻秆、稻叶的混杂现象。这反映古上山人告别了摇穗法的自然采集阶段，将稻秆、稻叶拢在一起进行收割的行为已经出现，而这正是稻作行为的核心特征。尽管稻秆、稻叶的混杂可以有更复杂的解释，但这无疑为上山稻遗存的价值评估提供了崭新的视角，上山文化研究因此提到了农业起源研究的高度。

这两点思考，是上山稻作文化的基本构建。后续研究中，相关证据得到了丰富和加强。稻驯化特征的研究方面，后续主要补充了植硅体方面的证据。稻作行为的研究方面，则增加了微痕和残余物的分析数据。不同研究者在石片、石磨盘等器物上，发现了收割禾本科植物和加工稻谷的多重证据。多学科研究成果均指向一个基本结论：上山稻是迄今发现的年代最早的栽培稻遗存，上山文化是世界稻作农业的起源地。这一结论的意义足够重大，还有待时间的验证，但必将是上山文化可能闪耀于历史长河的一个最重要光点。

浮选工作也取得了进展。

2005 年秋，第一粒较为完整的炭化稻米终于发现。这粒炭化稻米后来成为上山文化最神奇的展品——一个不起眼的小小黑点，只有通过放大镜才能勉强看清楚。

放大镜自有固定的倍数，但要获取真正的清晰度，参观者必须自带时间的长镜头，那是人类文明的开阔视野。在这粒炭化稻米中，我们看到的是绵延万年的人类文化基因。

科技手段为探索上山稻遗存的丰富内涵，提供了无限的可能性。但在我看来，最惊人的发现依然是夹炭陶中那密密麻麻的碎稻壳。我把这些碎稻壳称为世界上最早的谷糠。上山早期百分之九十以上的陶器，都掺拌进谷糠，这证明稻米已经成为古上山人重要的粮食之一。

谷糠如何生成？我亲自做过这样一个实验：将适量的粳稻稻谷，放在上山遗址出土的石磨盘上，然后用石磨棒进行挤压搓磨，五分钟后，随意抓出一把进行数数统计，结果发现，未达到去壳效果的四十四粒，脱壳后的完整米粒四百九十二粒，碎为半粒的米粒一百二十粒，更碎小的约一百粒。谷壳的粉碎程度、保留形态与夹炭陶中观察到的完全一致。

一万年前，另有一个使用石磨盘、石磨棒技术更好的人，以同样的姿势蹲在石磨盘前。面对这白花花的稻米和黄灿灿的谷壳，他，或许是她，在想什么？我猜测，他（她）感受到的是超过我一万倍的激动。

他（她），还有他（她）的同伴，庄重地把稻壳拢起来，将它拌入即将烧制的陶土中。

直觉告诉我，这不是一种纯工艺的偶然。旧大陆东南部没有夹炭陶的传统；在更早的年代里，发明了陶器的华南洞穴人，烧制的是夹砂陶；夹炭陶并没有技术传统可以追踪。

但这需要传统吗？这是断裂中的新生。这是新时代的开启仪式。或许，古上山人已经意识到，只有将这个上苍的伟大馈赠熔铸在火的结晶中，才能表达他们的感激和祈祷！

考古学家的追求

The Aspirations of Archaeologists

2003 年初夏的一天，牟永抗先生领着高广仁、邵望平、郭大顺等几位先生来到浦江。

一张照片记录了当时在博物馆东楼库房里的场景：牟先生坐在一张凳子上摆动着双手；高先生一脸和善坐在斜对面；邵先生侧身站着若有所思；郭先生面带微笑端详着地下摊着的陶片、石器。

高、邵、郭几位前辈考古学家，我都是第一次见到，留下了深刻的印象。那些年里，前来浦江考察上山遗址的专家一批接着一批。他们为新发现而来，愿意及时站上不断拓展中的远古世界的新"疆域"。用更具学术性的语言来表达，他们是"让材料牵着鼻子"而来。

让材料牵着鼻子走——张忠培先生的这句名言，体现了考古学家对未知的坦率和求知的执着。与历史学大致确定的叙述框架不同，考古学家面对的虽不能说是空白，但也只是大海中露出的冰山。他们试图描摹那个沉没的世界，但不得不承认未知部分对已知部分的莫大威胁。《水形物语》是我看过的一部好莱坞电影，这四个汉字最能反映考古学的客观状态。水无形，又有形。水的形状就是河湖大海的形状。对这形状进行勾画与疏通，是考古学家的企图。

我所理解的"物语"，即材料说话者也！我一直将大禹治水理解为创世神话，考古学家正在做的就是与大禹一样的工作。

材料只是一根绳子。考古学家既是被拴住了鼻子的牛，又是牵着绳子的人。张忠培先生接下去说的另一句话，是"以物论史，透物见人，替材料（死人）说话、把材料（死人）说活"，只有将两句话结合在一起，方能道尽考古学家与材料（考古资料）之间的关系。

上山文化发现和研究的推进过程，对此提供了最好的注脚。

2007年开始，我走出浦阳江，深入到钱塘江上游的金衢盆地调查。出乎意料的发现是，上山文化器物其实在几十年前就有出土，并且早就放在博物馆里了。我曾根据一家博物馆的藏品信息，准确找到了一个遗址点：一家砖瓦厂的角落里，散见一堆一堆的石头，这些石头是取土过程中作为废料挑出来堆放在一边的。这些石堆里居然有很多的石磨盘、石磨棒、石球、石锤等。由此可见，"材料"并没有主动来牵你的鼻子，材料是不会走路的哑巴。

有些遗址甚至经过主动性的调查，但却被稀释在河姆渡文化的"河床"里，没有"物语"出自己的"水形"。二十世纪八十年代发现的仙居下汤遗址，发掘者在《考古》杂志发了简报，但由于没有将上山文化遗物与河姆渡等其他文化遗物区分开来，导致后者轻易而自然地"吞没"了前者。也难怪，在相当长的一段时间里，河姆渡这条河太深、太大了，投进一个下汤遗址，根本不会溅起一朵水花。

下汤遗址的例子，证明田野考古中对遗存"共存关系"把握的极端重要性。上山文化首先必须通过地层的辨识成为独立的遗存单元，方能受到真正的关注。但过分拘泥于地层关系所规定的叙述路径，也会妨碍考古学的进步。这是因为，地层学未必穷尽了考古学探知远古世界的潜在能力。在2006年的上山文化学术研讨会上，一种意见只认定上山遗址为浙江最早、早于河姆渡——因为有地层关系的证据，但对一万年的年代测定，则不太信任。应当承认，相对年代只是测年技术出现之前不得已采用的年代推定法，因此实际上造成了时间的压缩。即使这种压缩只是暂时的，也会延缓学科的前进。实际的情形是，正是一万年这个敏感的时间点，而不仅仅是早于河姆渡，才吸引了国际考古学的普遍关注；正是因为一万年与稻作农业起源时间的紧密关联，众多的农业考古学家才纷纷来到上山遗址。稻作农业起源探索也成为上山文化迄今为止对学术的最大贡献。

　　由此可见，要真正把握材料这根绳子的分寸，不但取决于考古学家的野外工作水平，同时也取决于他们的见识和对考古学前景的设计。无疑，考古学家的追求，在考古学的进步过程中，起着至关重要的作用。

从跨湖桥到上山，我亲历了浙江考古，也是中国东南地区考古史上值得大书一笔的突破性一步。

我深知迈出这一步的千般艰难，这有赖于考古学家的协力推动，其中包括张忠培先生、严文明先生两位身处北京的考古学泰斗，以及以牟永抗先生为代表的浙江本地考古学家所付出的心力。

在我的印象中，张忠培先生是对中国考古学学科建设最富有责任感的考古学家之一。他来过跨湖桥，也来过上山。张先生十分看重的是田野工作的质量，这给我造成了莫大的压力。正因为对资料科学性的重视，他对新发现的态度格外慎重，也容易产生疑虑。跨湖桥2001、2002年发掘区处在古湖岸的遗址边缘位置，几乎没有灰坑等遗迹现象，这对共存关系的分析、判断带来了客观上的不利。张先生因此对跨湖桥遗址的年代一直不放心。最后一次见到张先生是在2014年杭州召开的崧泽文化学术研讨会上，他看到了我，还远远地过来招呼说：我们打赌，跨湖桥遗址到不了八千年！张先生在三年后驾鹤西游，我相信我能赌赢，但更相信他在天堂还在继续关心、关注中国的考古事业。

相对而言，严文明先生对长江中下游、浙江考古的介入更早、更具体，也对晚辈的工作更宽容，更多鼓励。正如他的名字，先生真是既"严"又"文明"。他对材料的审视十分仔细、严肃，发表见解时总是从容道来，如春风化雨。我以为他最适宜作学术会议的总结，那种高屋建瓴的逻辑风采，让人赞叹。跨湖桥、上山文化研究中的每进一步，都有赖严先生的精彩总结。我去过严先生家里多次，每次都带有功利目的，无非请他出来支持我们的学术会议。但一旦坐下来，严先生总会先询问我的工作，谈兴一上来，就免不了要谈学术、谈学问。我自知资质不够，但真正听了严先生的好几堂课外课，自许也算是半个学生了吧。

牟永抗先生是浙江考古的重要奠基人。他的学问之道，考古界多所服膺。牟先生一直走在时代的前列，记得二十世纪八十年代中后叶，考古界独宗苏秉琦，牟先生经常到我所在的办公室与任世龙先生谈苏公、谈学术，谈如何从一个系列的死胡同走出来，顿悟出两个系列，终于将一座土墩墓的随葬品在类型学上排通顺。他的同辈同事称他为"大头"，含有脑多聪慧之意。他与大多数"老人"一样，更看重"灵光"的年轻人，我既迂且愚，很难有机会与牟先生攀谈。但牟先生显然十分关心年轻人的成长，有一次我写了一篇小文，在单位楼道相遇时，牟先生停下来，只见他默默伸过手来整了整我的衣领，含有嘉许之意，让我感受到被关注的温暖。

我与牟先生的真正交往，是在他退休之后，我发掘跨湖桥和上山遗址那几年。现在说来容易，似乎这些遗址天然重要；但在实际过程中，我就像推销商品一样，往往需要通过争取去获得外界的支持。外界又分内圈与外圈，内圈首先是单位领导。这个时候，牟先生的学术地位就显示出来了。我总是在第一时间将牟先生接到考古现场。凭着一辈子在浙江土地上摸爬滚打出来的对出土文物的直觉，牟先生总能在第一时间感受到遗址的分量。我其实很难跟上牟先生的思维，他另有一个绰号，叫弯弯绕，说话喜欢兜圈。但未必完全不"灵光"的我，总能及时利用他的分量，而绕过他的弯弯。牟先生也不以为意，只要餐中有一二瓶冰啤酒对付，他总是兴致勃勃。

实际上，只要你从事的是考古工作，再"灵光"的人也会变迂直。与他谈学术时的绕弯弯不同，谈起考古与文物的原则问题，他很固执。他的声誉和学问，让他有机会参加各种考古与文物评审活动，但他显然不是最受欢迎的人。渐渐地，这样的机会也就越来越少。

年轻人的迂，可以叫不"灵光"，经历了世道，还能保持迂，就是一种可贵的品质。

考古的酸甜苦辣，真正能够体会的又有几人？

在喧嚣的物质化社会中，做不到一点迂执，大概也做不了考古。正是牟先生那样的迂，考古学才能一步一步在摸索中前进。

牟先生是台州黄岩人。他半生挫折，半生荣光。挫折在家世，荣光于考古。不觉之间，牟先生离世三年多了。愿他安息！

巨人的脚印

Giant's Footprints

华夏的地域核心在五岳之内，这是传统的文化认知，很难考证这种认知的来龙去脉。但从考古证据所见来说，广义华夏文明诞生的关键一步，还真是从南岳衡山所在的南岭之地向前迈出的。迈向哪里？向北，向长江流域腹地，用略带诗意的语言，是迈向北纬三十度……

北纬三十度是一根神秘的线，它串联了著名的空中花园、百慕大山谷、埃及金字塔等奇迹，据说被大洪水毁灭的史前城邦大西洲，也消失在大西洋的延伸线上……人类的文明史，确实要从这根纬线说起。

从长江流域向西，跨青藏高原，再向西，过中亚山地，便抵达两河流域。那里被认为是西方文明的孕育之地。约距今一万一千年前，第四纪冰期结束，在地中海东岸和波斯湾沿岸，草地和栎树林逐渐向四周扩张。一种植物——就是后来成为大、小麦的野生祖本的大籽草在这里成片生长。山地、草原又养育了大量适于食用与捕捉的赤鹿、瞪羚、山羊、绵羊、猪、狗等兽类。在优越的地理环境中，被英国考古学家柴尔德定位为意义不亚于工业革命的农业革命，在这里发生了。

这个世界就像跷跷板，存在着微妙平衡。如果将青藏高原视为一个支点，那么跷跷板的另一端，便是发源于唐古拉山，被称为东亚两河流域南支的长江。在几乎同样的时间里，养育东方文明的最重要的五谷之———水稻，也在中下游及附近地区生长开来。

开始时，只有野生稻。但有那么一群人，他们慢慢熟悉了野生稻的食物属性与生长规律，开始对野生稻进行栽培实验，并毅然决然与赖以生存的环境揖别。他们离开了南岭腹地的洞穴，沿着山脉北缘的水系，向下游方向迁徙，去开辟新的居住地。

他们为何要迁徙？学术界的一般性认识是，随着冰河期结束和全新世的到来，地球生态资源发生大变化，大型有蹄类动物资源变得稀缺，人们不得不将食物的攫取目标转向植物籽实、鱼类、螺蚌及其他小型动物，这一转变被称为"食物的广谱革命"。在这一变化与适应的过程中，水深鱼丰、植物丰茂的河谷旷野地带，成为最佳的觅食方向。

从东亚地区的实际情况看，驱使洞穴人群向下游河谷盆地迁徙的核心动力，可能就是对水稻的追逐。考古发现表明，距今一万年前或稍晚的时候，一大批新石器时代遗址，在洞庭湖地区、在长江的干流两侧、在钱塘江流域——习惯上划归长江流域但实际上是独立河系——陆续出现。在这些遗址中，考古学家发现了世界上最早的水稻和种植水稻的证据，长江中下游地区因此被国际学术界公认为世界稻作农业的起源地。

但稻作农业是在一个广袤的区域内同步发展起来的吗？从逻辑上讲，最先出现"进步"而"稳定"的源头，进而逐渐扩散到生态条件相似的附近区域，是一种更为合理的起源模式。那么，这个"源头"在哪？最早走出洞穴、向盆地旷野开辟生活新天地并获得成功的勇敢兼智慧者，到底是哪支人群？

上山遗址是迄今发现的年代最早的旷野型遗址，也是出现明确稻作证据的最早的新石器时代遗址，所在的钱塘江地区自然应该视为稻作文化的起源地。但这一论断的意义是如此重大，必然具有极大的争议性。实际上，长江中下游的许多地区，都在"争"这个农业文明的源头位置，其中包括著名的仙人洞遗址。

2013年初夏的一天，我有幸第一次来到江西万年仙人洞遗址。江西省上饶市万年县政府希望由农业部牵头开一次高规格的学术会议，将仙人洞作为世界稻作起源地的地位一锤定音。农业部对这一属于考古学的议题不太有把握，委托中国水稻研究所组织专家实地考察，这就是这次仙人洞之行的背景。

仙人洞遗址是中国南方著名新石器时代遗址，二十世纪六十年代被发现，陶器特征十分原始。但起初并没有把年代定得很早，记得大学课本上的断代是距今八千年。大约在二十世纪九十年代初，随着一次中美合作考古项目的深入开展，考古学者不但发现了水稻植硅体，断代也慢慢向前提，说距今一万二千年、一万四千年的都有，最老的测年数据竟是二万年！但正如当初年代超过了河姆渡，重要性却有所不及，原因就是内涵相对单薄，较难承载一个时代的重量，现在仙人洞遗址虽然发现了最早的稻遗存，又如何能够撑起稻作起源这个重大命题？

在离开仙人洞的一段山路上，我边走边思考一个问题：假如仙人洞的水稻——尽管学术界对仙人洞水稻是否栽培稻存在争议——确实经过人类利用与管理，那么，上山稻与它的关系及意义有什么不同？人类对水稻的认识可能从更早的采集经济阶段就已开始，虽然较难去还原这一小颗粒种实被利用的具体过程，或许一场大火过后类似爆米花的香甜之气让人们见识了它的美味食性，凭借愈来愈先进的科技手段，最早的稻遗存也完全有可能被发现，甚至最原始的驯化特征，理论上也可以通过生物机体微妙的进化特征而捕捉到。但如何界定栽培行为出现的动机及其标志？

实证是考古学的生命。人类行为模式的变化，只有通过资料的系统性反馈才能得到认定。上山遗址所具备的文化要素，无疑为中

国南方地区早期新石器时代的文化转型提供了证据链:

距今一万年前,大多数新石器洞穴人还将在岭南山地延续生活几千年,旷野型遗址在钱塘江流域河谷盆地的突然冒头,是历史出现突变的前奏。

夹炭陶,这一颠覆了洞穴阶段粗陋夹砂陶传统的崭新陶系,似乎就为了告诉我们,历史已经翻开了革命性的一页。它那彤红的陶衣,以及陶衣上逼真的太阳纹图案,恍如透射进人类脑海的第一缕阳光,从此打开了蒙昧的心窍。

　　夹炭陶中羼和的大量稻壳，体现了人类对传递了太阳能量的金黄色稻穗的膜拜。尽管难以判断稻米在当时食物构成中的比重，但上山人显然已经看到稻米非同一般的意义。

　　事实也证明，钱塘江流域由此驶入了跨湖桥、河姆渡直至良渚文化的从未间断的历史快车道，这是一条农业文明的通衢大道。

石磨盘、石磨棒以及用于割穗的石片石器组合在一起，难道还扛不起"稻作"两字？

尽管学术界对农业概念的使用十分谨慎，但上山文化足可作为一个实例去担当早期农业的完整定义。

还有房址、墓葬……最近我们又发现了环壕，它们共同指向一个事实，那就是东亚地区完全的农业定居——为此我们提出了一个初级村落的概念——在钱塘江上游的河谷地带首先实现。那一抹在江南山乡飘荡了数千年的袅袅炊烟，与远处山林斜射过来的晚霞一起，也第一次成为故土家园的一个鲜明符号。

这是采集狩猎阶段乃至半定居阶段未曾出现的符号，大约也是洞穴遗址未必能够支撑起来的符号！

人类的许多伟大族群都会拥有伟大人物。摩西带领以色列人出埃及，红海为之开路，被认为是先知与英雄。读《出埃及记》，我总会联想到一万年前从华南山地走向江河谷地的那群人。我们已经无从考证带领族人迈出这一步的先知与英雄是谁，但他留下的脚印，无疑已经被我们找到了。

　　第一个脚印是上山遗址，追踪下去，又发现了庙山遗址、太婆山遗址、大公山遗址、荷花山遗址、湖西遗址、青阳山遗址、桥头遗址……每当我在钱塘江地形图上标注这些遗址的位置时，它们就在我的眼里幻化成一连串的脚印。那是巨人走过的脚印，那是人类通向文明的脚印。

考古行为的奇特之处，就是将古人做过的事情重新做一遍。

但当这个古人是一位改变历史的巨人，那你是否也有可能化身为

巨人？

　　起码，这些年我能够不辞辛劳、充满激情地跋涉于钱塘江的山山水水间，确是因为内心被一种源自巨人的崇高感所驱动。

　　中国古代的神话传说中有许多"履大人之迹而孕"的记载，我想，能够在人身上播下种子的，还有那苍茫无际的历史感吧！

　　发现上山，是平生最大荣幸。

后记
————

按照先前计划，等退休后，我要写一本回顾考古的小书，有两个原因：一是生涯与一些重要遗址的发现联系在一起，写出来或许会有点价值；二是满足写书的愿望。这里所谓的书，至少属于随笔类，并非纯粹的专业书籍，因为小时候做过作家的梦。

偶然与王雨吟女士认识，使得这个愿望的实现提前了。与许多对考古抱有好奇的知识女性一样，编辑雨吟大概早有寻找合适作者尝试做通俗考古书籍的愿望。我未必是她中意的人选，但无疑是愿意立即付诸行动的一个。我有点担心，退休后再没有谁愿意出我的书了，应该抓住这个机会。

于是，随身携带一台笔记本电脑，或出差或返家，一年多断断续续地码字，这本小书终于成形。原定的书名是"从河姆渡出发"，只想简简单单将考古经历写出来。有两层含义：一是这些考古故事，媒体大多作为新闻热点报道过，事情本身具有一定社会认知度，不需要过多的铺陈；二是怀抱一颗赤子之心，坦然面对自己。作为系列考古事件的见证人，将自己视为故事的一个主动因素，满足大家的好奇心。

我年轻时也曾对一些考古传奇有过各种遐想，现在不经意成了某个段落的主角和讲述者，未免会产生一种不真实感。比如，人们总是愿意视考古人为深研博学之人，但我似乎与此并不沾边。我至今犹能真切记起二十世纪九十年代对考古学的怀疑和困惑：什么是考古的正确轨道？它将通向哪里？依据何在？与其说最后找到了这些问题的答案，毋宁说是对考古行为的坚持本身带着我走出了困境。考古发现所拓展的时空范畴以及人们对时空证据的追问和兴趣，充实了我对考古意义的认知。

这诚然与我发掘的两个遗址的性质相关。

跨湖桥、上山都是"拉长时间"的遗址，最明确的意义是突破了河姆渡距今七千年的记忆上限。河姆渡像一个图腾，曾经封禁我们对时间的联想。推开河姆渡，恍如打开一扇天窗，我们看到了更遥远的宇宙。这种穿透、穿越的力量，正是考古之于我的神奇魅力。因此与同行们试图还原古人行为细节的目标不同，我更愿意将考古对象视为一种象征性的存在。只要黑暗的天空中多发现一颗闪烁的星辰，我们的工作就获得了升华的意义。人类愈孤独、愈渺小，就愈想挣脱，愈想将自我放飞得更高、更远，而考古学的任务，无非是尽量拓展思想的空间。

因此我将考古的目的明确为对事实的认定，而将事实与事实之间的联系，交由思想去处理，这就将事情简单化了。这大约也是本来读书就不多的我，在最近的十几年中几乎与读书绝缘的原因。没能在专业领域写出更好的论文，也因此找到了最好借口。因为考古事实来自野外，或者说，发掘是对事实进行剥离的第一现场。我基本同意考古探方就是一间解剖实验室，当然更有人理解为一本地书。要将这本粘连腐朽的地书不加遗漏地翻阅几乎是不可能的事情，在这过程中，我们收获过成功翻过一页或几页的喜悦，也体会过撕破字页的遗憾与痛心，个中滋味，或许只有考古人自己才能明白。

这本小书，大致属于对几十年考古心路历程的一种疏解和抒情。

此时此刻，映入我眼帘的是一幅略显斑驳的雨中旧影。这是四十多年前的事。那天生产队停工，我躺在床上读一本鲁迅小说选，父亲走过来，温和地从我手里拿过书去，坐到靠窗的书桌前，吟诵了整整一篇的《故乡》。窗外是清冽的雨幕，雨幕中可看到东山坞田埂上踱步的水牛。

这是破天荒的。通常的情况是，我应该躲起来看书，因为正道是去忙活，比如戴上笠帽去拔兔草、羊草。即使到邻家找伙伴打扑克，也比赖在床上看闲书更让人接受。只能说，这天父亲的心情不错。也正是这难得的记忆，让我拥有了与鲁迅结缘的时间刻度。

阅读鲁迅，大抵成了几十年中可勉强称为一个"读书人"的自我标记。鲁迅让我"视野狭窄"，鲁迅让我的审美有了诸多的"局限"，鲁迅让我的文字佶屈聱牙……以至于在多少年中，如何去掉半生不熟的鲁迅腔，将文字梳理通顺，成为我作文写字的艰难工程。尽管鲁迅也作过《魏晋风度及文章与药及酒之关系》这样的论文，却不是谁都能学得的。

将考古与鲁迅对立起来，其实只是我的遁词。

记得大学期间和考古所工作的初期，同学和同事竟然都从我的文字中读出了鲁迅味，这曾经让我暗暗自得。经过这么多年痛苦的洗涤，这种味儿大约早已远离而去，不知是悲是喜。

不过，能够有机会在即将出版的书尾谈及鲁迅，则究竟也仍然是高兴的。

谢谢考古。

蒋乐平

2020 年 3 月 25 日

义乌桥头遗址